In unendlich vielen Formen sind wir dem Warten ausgeliefert: Man wartet auf andere, auf eine Antwort, auf den Richtigen, auf den Befund, auf eine Nachricht, auf das Ende der Schmerzen, auf die Sportergebnisse, auf das Ende des Regens, auf den nächsten Tag, auf die Geburt des Kindes ... Andrea Köhler beobachtet und beschreibt, welche Tücken, Glücksmomente oder Überraschungen in Situationen des Wartens, der Pause und der Langsamkeit stecken. Sie verschafft dem Warten einen Raum, der so viel reicher und weiter ist als der, den ihm die Notwendigkeit beimißt.

»Andrea Köhlers anregendes Buch über das Warten: Wer es eilig hat, ist hier verkehrt.« *Frankfurter Rundschau*

»Ein kleines Buch von hoher Intelligenz und seltener Schönheit geschrieben.« *Neue Zürcher Zeitung*

Andrea Köhler wurde 1957 geboren und hat Philosophie und Germanistik studiert. Sie ist Redakteurin der Neuen Zürcher Zeitung und lebt als Kulturkorrespondentin in New York.

insel taschenbuch 4042
Andrea Köhler
Die geschenkte Zeit

Andrea Köhler

Die geschenkte Zeit

Über das Warten

Insel Verlag

Umschlagfoto: Meg Takamura / Getty Images

insel taschenbuch 4042
Erste Auflage 2011
Insel Verlag Berlin 2011
© Insel Verlag Frankfurt am Main und Leipzig 2007
Alle Rechte vorbehalten, insbesondere das der Übersetzung,
des öffentlichen Vortrags sowie der Übertragung durch
Rundfunk und Fernsehen, auch einzelner Teile.
Kein Teil des Werkes darf in irgendeiner Form
(durch Fotografie, Mikrofilm oder andere Verfahren)
ohne schriftliche Genehmigung des Verlages reproduziert
oder unter Verwendung elektronischer Systeme verarbeitet,
vervielfältigt oder verbreitet werden.
Vertrieb durch den Suhrkamp Taschenbuch Verlag
Umschlag: HildenDesign, München, www.hildendesign.de
Druck: CPI – Ebner & Spiegel, Ulm
Printed in Germany
ISBN 978-3-458-35742-1

1 2 3 4 5 6 – 16 15 14 13 12 11

Inhalt

Für den Einen und die, die mich
als erste warten ließ

Vorwort

Warten ist eine Zumutung. Und doch ist es das Einzige, was uns das Nagen der Zeit fühlbar und ihre Versprechen erfahrbar macht. Es gibt unendlich viele Formen des Aufschubs: in der Liebe, beim Arzt, am Bahnsteig oder im Stau. *Wir warten*: auf den anderen, den Frühling, die Lottozahlen, eine Offerte, das Essen, den Richtigen und Godot. Auf Geburtstage, Feiertage, das Glück, die Sportergebnisse und den Befund. Auf einen Anruf, das Geräusch des Schlüssels im Türschloß, den nächsten Akt und das Lachen nach der Pointe. Wir warten darauf, daß ein Schmerz aufhört und der Schlaf uns findet oder der Wind sich legt. Müßiggang, Umwege oder Langeweile – im Pflichtenheft der verplanten Stunden ist das Warten die blanke Seite, die es zu füllen gilt. Und die uns im besten Fall mit Freiheit belohnt.

Ich liebe die Übergänge, die Schwellenzeiten, wenn die Dinge für eine Weile noch unbestimmt sind. Ich liebe die »blaue Stunde«, die schon das Nahen der Nacht verspricht, welche ja selbst ein Übergang zu viel mehr als nur dem verläßlich wiederkehrenden Morgen ist. Wer warten kann, weiß, was es heißt, in der Möglichkeitsform zu leben. Doch wird alles Warten zu einem Versäumnis, wenn es nur bei der Möglichkeit bleibt. Daß wir unser Leben verpassen über den falschen Hoffnungen, die uns das Gegebene übersehen lassen – wir nennen das gerne: Optionen offenhalten –, von solchen Unterlassungssünden handelt die Literatur, die mit Seneca zu einer erfüllten Zeit oder doch zu einem vernünftigen Umgang mit ihr anhalten will. Die temporale Vorratshaltung ist dann allerdings nicht dem hektisch durchorganisierten Tagesablauf verpflichtet, sondern einer Ökonomie der Aufmerksamkeit, die Kosten und Nutzen mit einer anderen Waage eicht.

Warten ist jeder Entwicklungszeit eigen, sei es der Schwangerschaft oder der Pubertät, sei es dem Sammeln und Zaudern vor einem Schöpfungsakt. »Das Zögern vor der Geburt« hat das Franz Kafka genannt. Wer wartet, imaginiert Kommendes, oft mit der Möglichkeit seines Ausbleibens, weshalb das Warten unsere erste große Kulturleistung ist. Freud nannte das »Triebverzicht«; er steht am Anfang jeder Symbolisierung. Das Leben besteht gemeinhin aus einer rhythmisch ungleichmäßigen Aneinanderreihung von Augenblicken – und jenen Momenten, da der Fluß des Erwartbaren stockt und es plötzlich nicht weitergeht. Doch seit wir versuchen, den Gezeitenwechsel von Kommen und Gehen der chronischen Gleichzeitigkeit zu opfern, tauchen Pausen vor allem als Staus und Störungen auf.

Gleichwohl gibt es im Lebenszuschnitt der westlichen Wohlstandsgesellschaften jene sorgsam restituierten Inseln der Langsamkeit, die – vom Gedenkkult bis zu den Wellness-Oasen – versuchen, dem »rasenden Stillstand« der Spätmoderne ein anderes Zeitmaß zurückzubringen. Diese Anstrengungen bleiben allerdings weitgehend artifiziell. Kein Weg führt ins Paradies zurück, das allen Heilsversprechungen ungeachtet auf Erden niemals zu haben war. Und auch die doppelte Reise um die Welt, die noch Heinrich von Kleist als Erlösung vom Zeitdruck vorschwebte, hat uns nicht an die Hinterpforten des Himmels zurückgebracht, dafür jedoch manchmal auf eine Insel verschlagen, die der Vorstellung vom irdischen Glück halbwegs nahekam. Die geheimnisvollste Pause in unserem Leben ist freilich der Schlaf, der uns allnächtlich in jenes Warten einübt, aus dem wir irgendwann nicht mehr erwachen.

Dieser Essay möchte daran erinnern, daß wir die Zweideutigkeit unseres Daseins in seinem Puls von An- und Abwesenheit so schnell nicht loswerden können. In der Veranschaulichung dieses Themas ist der Musik vielleicht die konkreteste Antwort gelungen – wenn ihre Rhythmen, Pausen und Repetitionen meist auch einem klarer durchgestalteten Muster folgen als die Wechselfälle der gewöhnlichen Existenz. Ich habe versucht, dem Rhythmus des Wartens in diesem Buch ein Echo zu geben – wobei die Intermezzi zwischen den Kapiteln Interludien der Phantasie darstellen. Das »Ich«, das dort spricht, ist fiktiv. Das Geständnis sei gleichwohl gemacht, daß die Autorin sich selber der zögernden Spezies zuschlägt, die häufig genug zu spät kommt. Was auch sagen will: Dieses Buch ist in der Hoffnung geschrieben, ohne kulturkritisches Lamento der Pause, der Langsamkeit und dem Warten auch ein paar erfreuliche Seiten abgewinnen zu können.

Wovon nur am Rand die Rede sein wird: von der christlichen Heilserwartung oder vom Warten auf den Messias, von der Erwartung des Paradieses auf Erden, auch Utopie genannt. Dies sind Warte-Räume, die Glaubensfragen auf sich versammeln, deren Antwort die Gläubigen meistens bereits zu wissen meinen. Das Warten, von dem hier erzählt werden soll, gehört in den Raum der eigenen Erfahrung und erhebt keinen Anspruch, eine Erklärung des Umgangs mit dem bekanntesten Paradox unserer Gegenwart, der Fülle der zu knappen Zeit, zu sein.

Der Mensch ist das wartende Tier, das den Tod antizipieren kann. Doch wie das Verschwinden der Zwischenräume und die Verkürzung der Wartezeiten das Unvorhersehbare immer mehr auszuschließen versuchen, so haben sich auch die Abschiede jener Pausenlosigkeit angepaßt, die noch das Szenario des Sterbens verändern. In jedem Abschied steckte einmal ein kleiner Tod – oder zumindest die Möglichkeit, daß man sich nicht mehr wiedersieht. Doch seit die Technik jene Dauerverbindung herstellt, die uns fest an die Nabelschnur der Erreichbarkeit knüpft, ist uns die Vorstellung, einmal nicht mehr da zu sein, beinah abhanden gekommen. Das Warten aber ist ein Zustand, in dem die Zeit den Atem anhält, um den Tod zu erinnern. Nicht: *Carpe diem*, sondern: *Warte nur, balde.*

Präludium

Ich warte

Eine Zeitlang bin ich einfach liegen geblieben und habe gewartet.
Worauf? Daß der Tag vor meinem Fenster ein anderes Kolorit
annimmt und die Geräusche mich anstecken, es mit der aufrechten
Tätigkeit zu versuchen? Daß die Gewohnheit den allmorgend-
lichen Widerstand bricht, durch die Tür des Tages zu treten und
also auch heute wieder ein Mensch auf zwei Beinen mit einer
Geburtsurkunde, einem Beruf und einer Adresse zu sein? Warum
nicht warten, bis diese lustlose Phase einfach vorbei ist? Und schon
frage ich mich: Warte ich darauf, daß etwas passiert, oder darauf,
daß etwas aufhört? Vielleicht ist das aber dasselbe: Das, was auf-
hören soll, hört nur auf, weil etwas anderes es vertreibt. Weil etwas
wartet auf uns, irgendwo hinter den sieben Hügeln der Zeit. Und
je ängstlicher ich darauf warte, um so länger lauert es mir hinter der
nächsten Ecke auf. Der Wartende ist in einer seltsamen Position:
Ausgespannt auf der Folter der Zeit, ist er selber der rote Läufer im
Elysee der Erwartung, welcher die ersten Schritte ersehnt. So ist
das Warten die Freundschaft zum Paradox.

I

Ein unverfälschtes Stück Angst

Wo bleibst Du? Über die Abwesenheit

> Die fatale Identität des Liebenden ist nichts
> anderes als dieses ich bin der, der wartet.
> (Roland Barthes)

Am Anfang von *Erinnerung, sprich* beschreibt Vladimir Nabokov einen »Chronophobiker«, der von Panik ergriffen wurde, als er zum ersten Mal einen Amateurfilm sah, der ein paar Wochen vor seiner Geburt in seinem Elternhaus gedreht worden war. »Er erblickte eine praktisch unveränderte Welt – dasselbe Haus, dieselben Leute –, und dann wurde ihm klar, daß es ihn dort nicht gab und daß niemand sein Fehlen betrauerte.« Auch verstörte den Mann das Winken der Mutter aus einem oberen Stockwerk, das ihm schon wie eine Geste des Abschieds erschien. Doch »was ihm besonderen Schrecken einjagte, war der Anblick eines nagelneuen Kinderwagens, der dort vor der Haustür selbstgefällig und anmaßend stand wie ein Sarg; auch er war leer, als hätte sich im umgekehrten Lauf der Dinge sogar sein Skelett aufgelöst«.

Die Wiege schaukelt über einem Abgrund – und wenn unser Leben auch bloß ein kurzer Lichtspalt zwischen zwei schwarzen Endlosigkeiten ist, so erscheint uns das vor uns liegende Ende doch stets bedrohlicher als unser vormaliges Noch-nicht-Gewesensein. Es ist, als warte da etwas für uns in der Zukunft – etwas, das wir in Wahrheit ja bereits hinter uns haben: das – wie auch immer geartete

– Nichts. Insofern ist unser ganzes Leben ein Warten auf etwas, das mit dem ersten Schrei ins Vergessen fiel.

»WARTEN, verb. wohin schauen, seine aufmerksamkeit auf etwas richten, versorgen, pflegen, einem dienen, anwartschaft haben, harren usw.«, definiert das Grimmsche Wörterbuch, nach welchem die Wendung *auf jemanden warten* in der heute benutzten Bedeutung erst im 16. Jahrhundert entwickelt wurde. Der Blick ins Lexikon lehrt zudem, daß der Bedeutungswandel des Wortes selbst schon eine lange Geschichte des Wartens erzählt. »Warten« im Sinne von »dienen« sistierte einst jenes Machtgefälle, dessen zivilisierteste Form heute noch in dem schönen Anachronismus »aufwarten« steckt. In der Bedeutung von »pflegen« hat sich das Warten inzwischen ganz in die Gerätschaftsabteilung verfügt. Doch ist das alte »hüten« und »auf etwas schauen« im »Wärter« noch existent, dessen Beruf gewissermaßen das Gegenteil allen Wartens, nämlich Anwesenheit verspricht. Das »Warten«, wie wir es heute in erster Linie gebrauchen, kommt erst im späteren Mittelhochdeutschen vor; im 18. Jahrhundert treten dann jene adverbiellen Bestimmungen hinzu, die uns die Qualen des Wartens bezeugen. Seit der Goethezeit wartet man »mit Verlangen«, »mit Ungeduld«, und »mit Schmerzen«.

Vielleicht ist es deshalb nicht falsch, die Hilflosigkeit, die beim Warten entsteht, mit einem physischen Ausdruck zu fassen: beim Warten *tut etwas weh*. Etwas krampft sich in einer bestimmten Körperregion zusammen, es zieht wie ein Luftsog zwischen zwei fahrlässig offen gelassenen Türen. Das Warten erzeugt Temperaturen. Wir warten mit frierendem Herzen, mit heißem Verlangen. Was da weh tut, das Gemüt erhitzt oder mit Rauhreif belegt, ist freilich schon schwerer zu fassen. Denn Warten ist imaginär und konkret zugleich: eine Einbildung, für die die Wirklichkeit eine reale Gestalt bereit hält, die sie uns gerade verweigert.

Handelt es sich um eine geliebte Person, steigert sich die Erwartung zur Sehnsucht, zuweilen zum Wahn. Denn in der Liebe entfaltet das Warten eine Dynamik, die in die Tiefe der Existenz reicht. Es evoziert den Abschied, einen Abschied, der sowohl hinter als immer auch vor uns liegt. »Die Wiege schaukelt über einem Abgrund« – wer wartet, wird immer ein bißchen an diesen Abgrund gemahnt. »Die fatale Identität des Liebenden ist nichts anderes als dieses ich bin der, der wartet«, schreibt Roland Barthes in den *Fragmenten einer Sprache der Liebe*, jenem erotischen Alphabet, in dem Warten und Lieben beinah Synonyme sind. Wer liebt, kann es sich niemals leisten, zu spät zu kommen. Die Sehnsucht kommt pünktlich. Sie ist eine Schwester der Angst.

»Bin ich verliebt? – Ja, weil ich warte. Er, der Andere wartet nie. Manchmal möchte ich den Nicht-Wartenden spielen; ich versuche mich anderweitig zu beschäftigen, zu spät zu kommen; aber bei diesem Spiel verliere ich immer; was ich auch tue, ich finde mich müßig, ich komme rechtzeitig, ja sogar zu früh.«

So zeigt, wer liebt, durch Pünktlichkeit seine Schwäche. Kommt der andere dann auch noch zu spät, sind die Rollen – für diesen Moment jedenfalls – definiert: wer wartet, ist derjenige, der mehr liebt. Die Abwesenheit des Anderen macht den Wartenden zu dem, der verdammt ist, dazubleiben.

»Der Andere ist im Zustand immerwährenden Aufbruchs; im Zustand der Reise; er ist, seiner Bestimmung nach, Wanderer, Flüchtiger; ich, der ich liebe, bin meiner umgekehrten Bestimmung nach seßhaft, unbeweglich, verfügbar, in Erwartung, an Ort und Stelle gebannt, *nicht abgeholt* wie ein Paket in einem verlassenen Bahnhofswinkel.«

Wer wartet, spielt so unbewußt immer die Möglichkeit

durch, verlassen worden zu sein. Denn das Warten der Liebenden knüpft an die Urszene an – an das erste überwältigende Fortsein der Mutter. Nur ein kurzer Augenblick, heißt es, scheidet die Zeit, in der das kleine Kind seine Mutter noch für abwesend hält, von dem Moment, in dem es sie tot glaubt. Jedes Warten auf eine geliebte Person rührt von Ferne an diese Erfahrung, ist eine subkutane Erinnerung an sie. So steckt im Warten der Fluch einer Bedrohung, die aus der Kindheit stammt.

Auch unsere Formen der Angstbewältigung stammen aus jenen Zeiten, in denen das Warten ein existentielles Drama war; es steht am Anfang aller Symbolisierung. In *Jenseits des Lustprinzips* beschreibt Freud die berühmte Szene, in der sein eineinhalbjähriger Enkel die Abwesenheit der zärtlich geliebten Mutter mit einem Spiel zu überbrücken versucht. Dieses Kind hat die Angewohnheit, alle kleinen Gegenstände, deren es habhaft wird, weit von sich wegzuschleudern und diese Aktion mit einem langgezogenen »o-o-o-o« zu begleiten, das die Mutter mit »fort« übersetzt. Freud schließt daraus, daß sein Enkel die Spielsachen dazu benützt, mit ihnen ›fortsein‹ zu spielen, um sich so aus der passiven Rolle in die des Akteurs zu verwandeln, der das Verschwinden und Wiederkommen der Mutter selbst inszeniert:

»Das Kind hatte eine Holzspule, die mit einem Bindfaden umwickelt war. Es fiel ihm nie ein, sie zum Beispiel am Boden hinter sich herzuziehen, also Wagen damit zu spielen, sondern es warf die am Faden gehaltene Spule mit großem Geschick über den Rand seines verhängten Bettchens, so daß sie darin verschwand, sagte dazu sein bedeutungsvolles o-o-o-o und zog dann die Spule am Faden wieder aus dem Bett heraus, begrüßte aber deren Erscheinen jetzt mit einem freudigen ›Da‹. Das war also das komplette Spiel, Verschwinden und Wiederkommen, wovon man zumeist nur den ersten Akt zu sehen bekam, und dieser wurde für sich allein unermüdlich als Spiel wiederholt, obwohl die größere Lust unzweifelhaft dem zweiten Akt anhing.«

Solche Holzspulen, mit denen wir den Tausch von »fort« und »da« in unsere eigene Regie bringen, sind fast in jedem Warten zu finden. Wer wartet, bereitet im Kopf eine Bühne, auf der er den Monolog des Wartens aufführt. Es ist eine breite Gefühlspalette, die hier zur Entfaltung kommt; ihre Ausprägung und Zusammensetzung wird in den meisten Fällen durch die Beziehung zu dem, der uns warten läßt, definiert.

Es gibt dabei so etwas wie eine Dramaturgie des Wartens, sie läuft zumeist nach einem klassischen Muster ab. Eine Person, die uns teuer ist, läßt auf sich warten. Als erstes werden wir wahrscheinlich die möglichen Gründe im Kopf durchspielen – die verspätete U-Bahn, eine unaufschiebbare Sache im Job, irgendwas Unvermeidliches ist wohl dazwischengekommen. Das nächste kann Ärger sein: Immer kommt der, kommt die andere zu spät! Sodann gehen wir nochmals die Daten durch, Montag, halb vier, in dem Caféhaus am Markt. Haben wir uns geirrt? Nein, es ist das richtige Restaurant, schließlich haben wir uns hier das letzte Mal auch getroffen. Und jetzt den Ort zu verlassen – etwa um in dem Café gegenüber die Lage zu peilen – wäre gefährlich; der andere könnte gerade in diesem Augenblick kommen. Das Handy macht diesem Vorgang inzwischen meist kurzen Prozeß – doch einmal angenommen, es meldet sich jetzt nur die *Mailbox*. Also weiter im Monolog, der nun vielleicht eine panische Note bekommt: Was, wenn dem anderen etwas passiert ist? Wenn wir Glück haben, widerspricht die Vernunft, um den Preis allerdings, daß sich bald Enttäuschung breitmacht und sich zugleich ein böser Verdacht zu regen beginnt: Ist nicht doch Mißachtung unserer Person im Spiel? Am Schluß aber siegt meistens die Angst: Wenn der andere nun nie mehr kommt? Besser lenken wir uns jetzt ab, bis er eintritt und wir ihn mit einem Vorwurf oder besser noch: einer großmütigen Absolution empfangen können.

Dieses Solostück ist die Fortsetzung des Fort-da-Spiels, das wir in unserer Kindheit mit jenen geduldigen Plüschtieren inszenieren, die der Kinderanalytiker Winnicott als »Übergangsobjekt« bezeichnete. Der Teddybär, der dem Kind das Warten beibringt, ist nicht umsonst das Wesen, das viele ihr Leben lang mit sich herumtragen. Als Statthalter – nicht der Mutter, sondern der Hoffnung, daß sie wieder erscheint – ist der Bär ein Schwellenbewohner, der nicht nur den Ort zwischen innen und außen, sondern auch den Aufschub, das Versprechen des Wiederkommens repräsentiert. Wer wartet, bereitet im Kopf eine Bühne für »den Diskurs der Abwesenheit«, wie das bei Roland Barthes heißt. Der andere ist gegenwärtig, da ich an ihn denke, er ist fort, da ich beim Warten stets auf mich selber verwiesen bin:

»Aus dieser eigentümlichen Verzerrung erwächst eine Art unerträgliches Präsens. Ich bin zwischen zwei Zeitformen eingekeilt, die der Referenz und die der Anrede: du bist fort (darüber klage ich), du bist da, (weil ich mich an dich wende). Ich weiß also, was das Präsens, diese schwierige Zeitform ist: ein unverfälschtes Stück Angst.«

Wäre Warten demnach das fortgesetzte Besprechen der Urszene des Verlassenseins, der unendliche Aufschub einer Trennung, die immer schon war? *Ich hier, du dort* – auf die Folter der Ungewißheit gespannt, erlebt der Wartende mit jeder Sekunde seine Verfallenheit an die Zeit. Er wird weniger in jedem Augenblick. Er schrumpft, je länger er wartet, zusammen auf einen einzigen glühenden Punkt: nie mehr!

Das Schweigen der Sirenen

> Als das Telefon nicht klingelte, wußte ich
> sofort, daß Du es warst.
>
> (Dorothy Parker)

Vor der Erfindung des tragbaren Telefons war das Warten auf
einen Anruf das Inbild der Liebe – und zwar zumeist der
verschmähten. Die Literatur hat sich dieses Motiv seit den
Anfängen der Fernkommunikation auf die Fahnen geschrieben. Denn das Warten ist das Imaginäre der Liebe,
und die Sehnsucht die Essenz der Einbildungskraft. Von
Jean Cocteaus Einakter *Die geliebte Stimme* über Dieter Wel-
lershoffs Erzählung *Die Sirene* bis zu Nicholson Bakers Roman *Vox* steht der moderne Odysseus an einen Telefonmast
gebunden, ausgeliefert jenem »traurigen mächtigen Gesang«, der schon Kafka im Traum aus dem Hörer erklang.

Selbst das Handy hat uns nicht von der Ohnmacht des
Wartens befreit. Zwar muß, wer auf einen Anruf wartet,
nicht mehr den Apparat in sinnlosen Beschwörungsritua-
len umkreisen. Doch immer noch gleicht, wer sehnsüchtig
auf das ausbleibende Signal in der Tasche lauscht, einem
Zirkuspferd, das die stur abverlangten Runden dreht. Er ist
jenem Bann erlegen, den Kafka in seiner gleichnamigen
Parabel »das Schweigen der Sirenen« nannte. Denn die
Sirenen, die mit ihrem betörenden Gesang die ersten Fern-
reisenden ins Verderben stürzten, haben noch »eine weit
schrecklichere Waffe als den Gesang, nämlich ihr Schweigen«.

Nun ist das Warten auf einen Anruf nicht nur ein aus-
gelieferter Zustand, es schlingert zwischen Passivität und
Aktion. Man kann etwas tun, um die Spannung zu lindern,
um dem Schweigen einen schwankenden Boden aus
Wortbrücken einzuziehen. Wenn niemand zu einem

spricht, fängt man an, sich selber gut zuzureden. Schon als Kind pflegte man ja eine Form des Selbstgesprächs, die den Zauberkräften vertraute: je heftiger Wunsch und Not den himmlischen Beistand erflehten, desto sicherer ward er gewährt. Das setzt sich später fort in der immer ein bißchen peinlichen Form des nach oben gerichteten Beistandsgesuchs. Wir treten wieder in eine Art magischen Weltbezug ein: aus dem Warten wird erst Beschwörung, dann Litanei. Bitte, lieber Gott, bettelt das Kind in uns weiter, mach diesem Warten ein Ende! Es ist jedenfalls etwas Infantiles, das wir dem Dulden entgegensetzen, vielleicht werden wir deshalb im Zustand des Wartens häufig so kindisch. »Bitte, Gott, mach, daß er anruft« – die amerikanische Schriftstellerin Dorothy Parker hat dieses zwischen Komik und Tragik oszillierende Thema in der Kurzgeschichte *The Telephone Call* in jenen klassischen Monolog vor dem Telefon übersetzt, der nur in der Variation dieses einen Satzes besteht.

Im Drama des Wartens ist das Telefon jedenfalls nach wie vor das am stärksten besetzte Requisit. Schließlich ist es noch immer die einzige Technik, die Entfernungen überbrückt und Anwesenheit suggeriert. Weil es Atem und Stimme wie aus großer physischer Nähe vernehmen läßt, ist es das Medium, das uns am ehesten die Illusion erlaubt, nicht verlassen worden zu sein. Das Telefon ist das Medium einer alle Distanzen durchkreuzenden Intimität. Wie Freuds berühmte Garnrolle die Absenz der Mutter zu kompensieren hilft, ist die Fernkommunikation eine Art Nabelschnur – dazu da, die Trennung zu leugnen. Seine Bedingung ist die Anwesenheit bei Abwesenheit, sein Hauptcharakteristikum die Ungeduld. Weshalb selbst Prousts Erzähler der *Recherche*, wenn »die Verbindung nicht sofort zustande kam«, einzig den Gedanken hegte, sich deshalb zu beschweren.

Wer heute solcherlei Beschwerden vorzubringen sucht, landet wieder in der Warteschleife; die Telefongesellschaft fordert erst mal »Bitte warten«. Doch immer noch wird der Wartende von bösen Zauberkräften eingeschüchtert: Der Anruf kommt nicht, *weil* ich warte. Der Anruf kommt, sobald ich den Raum verlassen habe (oder, zeitgemäßer: in einem Funkloch hänge). »Warten, von Warten aufs höchste gesteigert, von Warten beglückt enttäuscht«, lautet ein Notat in Maurice Blanchots Aphorismen-Band *Warten, Vergessen.* Was vielleicht meint, daß das Warten unsere Verzweiflung und unsere Hoffnung stets gleichermaßen belehrt. Im Grunde betet der Wartende immer den gleichen Refrain: *Aufgeschoben ist nicht aufgehoben.*

Futur II

Es war ein dunkler Spät-Nachmittag im November, als ich beschloß, in dieser Nacht nicht nach Hause zu gehen. Ich nahm den Bus Richtung Montmartre, sah in den erleuchteten Fenstern des 17. Arrondissements den veralteten Zierart der französischen Bourgeoisie, Stuck, Lüster, Spiegel, die elfenbeinerne Nostalgie einer müde aufrechterhaltenen Tradition. Haltestelle Rue Caulaincourt, Endstation einer Erinnerung. In der Bar Au Rêve *begrüßte mich die Wirtin unter einer alten Photographie. Noch immer hatte sie das gleiche anmutig in den Augenwinkeln gefältelte Lächeln wie auf dem Bild. Das Foto zeigte sie an einen Mann gelehnt, seine Ballonmütze war in die Stirn gezogen, die Zigarette im Mundwinkel – ein glückliches Paar in einem fernen Pariser Augenblick, der etwa ein Viertel Jahrhundert zuvor zu einem Standbild der Liebe gefroren war.*

Ich war einsam damals auf eine haltlose Weise, der auch wechselnde Liebschaften keine Kontur gaben. Oft saß ich in der hintersten Ecke der Bar auf der zerschlissenen Bank, den Eingang im Blick, als könnte dort jederzeit etwas eintreten, das meine Enttäuschungen Lügen strafte. So hatte ich eine Stunde gewartet, als ihr Gesicht sich plötzlich im Licht der Scheibe zu spiegeln schien. Ich mußte nicht aufschauen, um jede ihrer Bewegungen an meiner inneren Spannung zu messen. Sie stand mit einem deutlich älteren Mann am Tresen, vor sich ein Glas Rotwein, hinter sich eine Geschichte, die das Lächeln des ungleichen Paars zu synchronisieren schien. Sofort erfaßte mich eine heftige Eifersucht. Ich beobachtete diese Frau aus meinem halben Versteck heraus, verstohlen und schon wie ertappt. Einen flüchtigen Augenblick glaubte ich an eine Täuschung: das war ihr Gesicht, doch trug es, wie im Traum, die Spuren einer entstellten Ähnlichkeit. Etwas hatte sich verirrt in den Anblick ihrer seltsam vertrauten Gestalt, eine Nähe, die uns bereits überholt hatte, als wir einander das erste Mal kurz berührten. In diesem Moment verwischten sich ihre Züge und nahmen die Erosion der Jahre vorweg. Zugleich war ein früheres Bild aus dem Schacht der Erinnerung hochgestiegen. Die Jahre stürzten an mir vorbei, ich sah sie wieder wie bei unserer ersten Begegnung. Manchmal denke ich nun, daß es zu Ende war, bevor es begann, ein dem Anfang geraubtes Ende, ein Ende von Anfang an. Wir müßten nur aufhören, uns zu beschwichtigen, wir müßten nur zugeben: Nie mehr werde ich auf dich warten können.

Das Warten wird uns meistens aufgezwungen, doch manchmal beschließen wir selbst, es zu tun. Meist, weil bestimmte Umstände, die Einsicht, der Stolz, dies gebieten. Das Warten, das wir uns selbst auferlegen, ist immer ein Versuch, dem eigenen Zeitgefühl nicht zu entsprechen. Insofern ist alles Warten stets fremden Stimmen oder wenigstens einer objektiveren Ratio geschuldet. Nehmen wir an, ich warte sehnsüchtig auf ein Zeichen von einer geliebten Person; im Rücken vibriert schon die Angst. Ich darf vor mir selber aber nicht zugeben, daß ich so abhängig bin, ich rede mir ein, daß ich das Warten jederzeit selber beenden kann. Ich erfinde Erklärungen (ohne daran zu glauben); ich folge dem Training des Herzens, dem Appell an die eigene Vernunft: »Du wartest jetzt nicht!« Diese Aufforderung an uns selbst funktioniert freilich nur, wenn wir die Möglichkeit eines Endes bereits vorwegnehmen. Wir stellen uns vor, daß der/die andere nun immer häufiger ausbleibt und wir die Gründe dafür nie erfahren werden. Wir beugen uns schon der Zukunft, wir nehmen das Warten nun hin in der Vorstellung eines unumkehrbaren Schnitts. Es ist, als hätte die Abwesenheit des anderen schon in uns Platz genommen. So üben wir uns ein in die Schrittfolgen des Verlusts.

Dann wieder jagt uns die Ungeduld. Jemand war sorglos mit uns, läßt uns im Stich. Wie weit ist es vom Warten zur Wut? Von der Wut zur Rache und zur Genugtuung? Und schon erscheint auf der Bühne der Liebe das Szenario des eigenen Verschwindens. Warte nur, balde. Wartest du auch! Schon male ich mir (dir?) in Gedanken meine künftige Abwesenheit aus. Ich verlängere mein Warten in eine doppelte Ewigkeit hinein – auf mein Warten folgt deins. Wir werden uns also nie mehr wiedersehen! Es ist dann die Frage, wie oft unsere Liebe dieses Drama aushalten kann.

II

Gefühlte Zeit

Morgen Kinder, wird's was geben

»Nach meinem Dafürhalten können Kinder am besten
warten, weil sie (das Warten) noch nicht verdächtigen, weil
sie es noch nicht als kulturell wertlos verurteilen müssen«,
schreibt Wilhelm Genazino in seinem Essay *Der gedehnte
Blick*. Doch selbst wenn Kinder das Warten noch nicht als
vergeudete Zeit erfahren, wird in der Kindheit das Warten
meistens als Ohnmacht erlebt. Schließlich konfrontiert uns
das Dasein zuallererst mit dem Erlernen des Aufschubs: der
Einübung eines fremden Stundenplans, der Dressur der
Eingeweide, der Einführung in den Rhythmus von Tag
und Nacht. Der erste Machtkampf im Menschenleben findet auf dem Terrain des Wartens statt, bei der Codierung
des Körpers. Der Leib wird in den frühesten Lebensstun-
den zum Instrument umgepolt, das der Uhr gehorcht. Als
allererstes im Erdendasein wird die Geduld trainiert.

»Das Wartenkönnen, das Wartenmüssen ist die Grund-
bedingung jeden Verstehens«, schreibt Genazino. Doch
wird das Warten im kindlichen Kosmos noch als etwas
Begrenztes erlebt. Wie nach Nietzsche das Tier ist die
infantile Aufmerksamkeit »an den Pflock des Augenblicks
gebunden« und das kindliche Ausharren eine befristete
Aneinanderreihung unbestimmter Momente. So ist dieser
Zustand in der Kindheit oft eine verdachtlose Zeit, die mit
Tagträumereien gefüllt werden kann. Die nicht vom Ge-
drängel der Großen bestimmten Stunden sind dann beseelt

von der unermüdlichen Korrektur der Wirklichkeit. Warten ist so die erste Einübung in das utopische Denken – in den Widerstand gegen die Zumutungen einer von andern verplanten Welt.

Natürlich ist uns als Kind die Zeit häufig auch quälend lang geworden. Die öden Stunden, in denen wir den Beschäftigungen der Erwachsenen einfach nur beigesellt wurden, die endlose Langeweile ausgedehnter Verwandtenbesuche, in denen es nichts andres zu tun gab als still zu sitzen, haben sich der Erinnerung deutlich eingeschrieben, und manche Träume bringen uns diese alten Qualen zurück. Am Fenster stehend – instinktiv sucht man beim Warten nach einem offenen Horizont – wurde uns die Zeit als Kind zum ersten Mal physisch bewußt: ein dumpfer Druck in den Eingeweiden, ein gräßliches Dehnen und Strecken von Kopf bis Fuß. Die Minuten verwandelten sich in Kaugummi, endlose Fäden ziehend, der Körper wurde zur Streckbank. Dabei gab es gerade auch in der Kindheit die dringliche Bitte um Aufschub. Wer erinnert sich nicht an das heftige Herzklopfen, mit dem wir etwa der Entdeckung einer Missetat entgegenbangten, die angstbesetzten Minuten, in denen wir hofften, die Zeit möge sich in ein langes Nochnicht verwandeln, in dem unser Vergehen irgendwann einfach verjährt sein würde?

Und doch gehörte Inszenierung der Wartezeiten einmal zu den Besonderheiten der frühen Lebenszeit. Die Vorfreude auf den Geburtstagsmorgen, das Warten aufs Christkind, die Aufregung, wenn im Raum, wo die Bescherung lockt, die Lichter angehen – das sind Klassiker im Inventar der festlich empfundenen Wartezeiten. Aus solchen Momenten macht die Erinnerung gerne Kindheitsidyllen. Abwarten und Vorfreude, so schien es, waren damals noch eins. Nie aber legte das Warten auch in der Verheißung seine pädagogische Sendung ganz ab. »Morgen Kinder, wird's was geben« – klingt da nicht auch die Rute mit? Die Warteräume der Kindheit waren schon immer bedrohte Idyllen. Wie ja auch der Adventskalender das Warten mit der Versuchung und dem Verbot liiert und, falls die Versuchung stärker ist, (die Türchen gleich alle zu öffnen, die Päckchen zu plündern), zu der bitteren Einsicht verhilft, daß, wer nicht abwarten kann, sich selber beraubt.

In seinem *Versuch über die Müdigkeit* beschreibt Peter Handke das kindliche Warten als Überfall durch eine Müdigkeit, die alles entstellt. Es ist eine Müdigkeit, die den Ich-Erzähler besonders bei der Christmette »mit der Wucht eines Leidens« heimsuchte, und die noch Jahrzehnte später eine »jähe Scham« in ihm wachruft. Diese Scham, die sich aus der Frühform eines existentiellen *Ennui* ergibt, macht das Kind auf der Kirchenbank zu einem »Ausgewiesenen«, ausgeschlossen aus den Ritualen der Frömmigkeit und der Gemeinschaft. Und vielleicht ist in allem Warten so eine Form des Ausschlußes angelegt. Denn auch im gemeinsamen Warten wartet jeder für sich allein. Das Warten ist so wenig teilbar wie der Schlaf, und wenn wir es uns zusammen vertreiben, durch Spiele etwa, oder durch das Erzählen, so wird doch die Wartezeit immer nur individuell überlistet. Davon lebt auch der Märchenzyklus von 1001 Nacht, dieser klassischen Aufschubsgeschichte, in der eine Wesirstochter, Morgen für Morgen den Tod erwartend, die Hinrichtungsfrist durch ihre kunstvoll geschürzte, und stets an der interessantesten Stelle gekappte Erzählung verschiebt.

König Scherijahr, den die Erfahrung der Treulosigkeit seiner Gattin zu einem wütenden Rächer an der Weiblichkeit werden ließ, nimmt Nacht für Nacht eine Jungfrau zu sich ins Bett, die er am Morgen hinrichten läßt, damit ihm die Schmach der Untreue nicht noch einmal zugefügt werden kann. So soll es auch der schönen Scheherazade ergehen, die ihre Galgenfrist durch das Ausspinnen wundersamer Geschichten verschiebt, deren Fortgang sie für den nächsten Abend verspricht. Nach tausendundeiner Nacht wird sie dem König seine drei – in der Erzählzeit zur Welt gekommenen – Söhne vorführen, und dieser, durch ihre Erzählkunst verzaubert, nimmt Scheherazade zur Frau.

Ein so glückliches Ende ist nicht vielen Todesfristen bestimmt. Das Warten auf die bleiche Morgenstunde des Henkers ist auch deshalb ein so grauenvolles Szenario, weil es von jener überwältigenden Einsamkeit beseelt ist, aus welcher der christliche Mythos der Kreuzigung seine Kraft bezieht; es gibt vermutlich kaum eine zweite so in die Tiefen der menschlichen Angst reichende Bibelstelle wie die von der Nacht im Garten Gethsemane.

»Da kam Jesus mit ihnen zu einem Garten, der hieß Gethsemane, und sprach zu den Jüngern: Setzt euch hier, solange ich dorthin gehe und bete. Und er nahm mit sich Petrus und die zwei Söhne des Zebedäus und fing an zu trauern und zu zagen. Da sprach Jesus zu ihnen: Meine Seele ist betrübt bis an den Tod; bleibt hier und wacht mit mir! Und er ging ein wenig weiter, fiel nieder auf sein Angesicht und betete und sprach: Mein Vater, ist's möglich, so gehe dieser Kelch an mir vorüber; doch nicht wie ich will, sondern wie du willst! Und er kam zu seinen Jüngern und fand sie schlafend und sprach zu Petrus: Könnt ihr denn nicht eine Stunde mit mir wachen? Wachet und betet, daß ihr nicht in Anfechtung fallt!« (Mt. 26.36)

Der Geist ist willig; aber das Fleisch ist schwach. Dreimal findet Jesus die Jünger, die auf ihn warten und um ihn bangen sollen, vom Schlaf übermannt, bis die Stunde da ist, »daß der Menschensohn in die Hände der Sünder überantwortet wird«. Die Todesfrist Christi ist durch die Naherwartung der Auferstehung in eine andere Zeit übergegangen, doch stand das Leben und auch die Lehre des Jesus von Nazareth immer auch unter dem Diktat der knappen Lebenszeit. »Als Jesus im Alter von dreißig Jahren als Rabbi seine Lehre aufnimmt, stellt er seine Botschaft von Anfang an unter das Gebot einer unausweichlich zur Entscheidung drängenden Zeit«, schreibt Harald Weinrich in seinen philosophisch-literarischen Betrachtungen über die *Knappe Zeit*. So knapp sei die Zeit gewesen, daß der Menschensohn auch das Gebet ausdrücklich der Ökonomie der Zeitersparnis unterwirft und seine Botschaft nur in kurze Gleichnisse fasst.

Was ein angekündigter Todestermin in einem Menschen auszulösen vermag, sei mit abstrakten Begriffen kaum hinlänglich zu fassen, meint Weinrich:

»Hier kann zuverlässig nur das Erzählen Auskunft geben, mag es nun aus realen oder aus fiktionalen Quellen geschöpft sein [...] Auf tröstliche Weise tritt dabei oft auch die Tatsache ans Licht, daß von eben diesem Erzählen, das überhaupt erst eine intime Wahrnehmung von Fristennot und Fristentücke ermöglicht, zugleich auch eine Rettung aus höchsten Fristengefahren ausgehen kann.«

Die Gnadenfrist unseres Daseins im Bewußtsein der Endlichkeit in die Länge zu ziehen – das ist, mit Marcel Proust zu sprechen, »das grausame Gesetz der Kunst«. Dabei ist der Wunsch, die Wartezeit gemeinsam zu überbrücken, vielleicht der Urgrund für alles Erzählen, das in endlosen Binnengeschichten das Warten selbst inszeniert. Kinder haben noch diesen Zeitsinn der alten Geschichten, wenn sie dieselben Märchen wieder und wieder zu hören wünschen, als wäre die Wiederholung eine Versicherung, daß das Leben verlässlich murmelnd immer so weitergeht. Man könnte meinen, die Unterhaltungsgesellschaft sei eine entzauberte Spätform der Märchen aus Tausendundeiner Nacht und diese das orientalische Vorspiel zu jenen *Soaps*, die stets an den spannendsten Stellen abbrechen. Doch sollte das Fernsehen tatsächlich unsere Scheherazade sein, dann gibt es aus der tausendfachen Todesdrohung vermutlich kein frohes Entrinnen.

Das Wartenlassen ist das Privileg der Mächtigen. In den Chefetagen des Hinhaltens gibt es die, die unsere Zeit unter ihre Aufsicht stellen und sie gefräßig und unbedacht konsumieren. Wer uns warten läßt, zelebriert seine Macht über unsere Lebenszeit, und daß wir nie wissen können, ob er uns nicht aus genau diesem Grund zappeln läßt, gibt dieser Macht die bedrohliche Qualität. Das Bewegungsverbot ist seit jeher ein patriarchalischer Machtvorteil. Wer warten läßt, bannt uns an einen Ort. Das war schon im Paradiese so, und die Verletzung dieses Gebotes mündete in die Vertreibung. Wenn wir auf jemanden warten, erfahren wir stets wie zum ersten Mal, daß man nicht fortgehen darf, ohne bestraft zu werden; tun wir es dennoch, ist uns zumeist die Rückkehr verwehrt. Das ist das Gesetz des Klosters. Auch jede Gefangenschaft zeichnet sich ja durch den Entzug der Selbstverfügung über die eigenen Rhythmen und Räume aus. Das Gefängnis ist jener Ort, an dem selbst der Lichtschalter fremder Regie gehorcht; den totalitären Zug der Disziplinarmaßnahmen, die jede Sekunde und Regung des Häftlings enteignen, hat Michel Foucault in *Überwachen und Strafen* ausführlich analysiert. Im militärischen Kontext, in dem das Warten häufig von höchster strategischer Wichtigkeit ist, besteht auch die Fronterfahrung bekanntlich vor allem aus enervierender Warterei. Nicht zuletzt darum wohl wird das Verbot, im Kriege zu desertieren, von der Todesstrafe bewacht.

Zum Warten verurteilt sein ist also ein Fluch, und wer ihn verhängt, hat uns in der Hand. Jemand – eine Person, eine Institution – zwingt uns ein fremdes Zeitmaß auf, und das Bedrückende daran ist das Ausgeliefertsein unserer Empfindungszeit an eine fremde Regie. Warten ist Ohnmacht, und daß wir den Zustand nicht selber zu ändern vermögen eine Demütigung, die die Welt vorübergehend in eine Schieflage bringt. Deshalb hat der Wartende oft das Gefühl, ins Unrecht gesetzt worden zu sein, bestraft zu werden für etwas, das er nicht kennt. Er sitzt im Warten wie unter Schlägen. Es ist diese passive Haltung, das Gefühl des Verurteiltseins, das den Schmerz und die Scham des Wartens über uns bringt.

Die autoritäre Willkür bürokratischer Apparate ist nicht umsonst zum Sinnbild für die Tortur des Wartens geronnen und zum Inbegriff diktatorischer Staaten mutiert. Das Amt ist der genuine Wartesaal der Moderne. Hier dringt die Sinnlosigkeit des Wartens wie ein Gift in die Nervenbahnen der Wartenden. Siegfried Kracauer hat die demoralisierende Wirkung öffentlicher Wartesäle Anfang der dreißiger Jahre in einem Text über Berliner Arbeitsämter beschrieben:

»Die Armut ist hier immerfort ihrem eigenen Anblick ausgesetzt. Bald macht sie sich breit mit sichtbaren Flecken und Lappen, bald zieht sie sich bürgerlich schamhaft ins Verborgene zurück. [. . .] Gelingt es ihr an der einen Stelle, sich zu bedecken, so schlägt sie an der anderen um so sicherer nach aussen durch. [. . .] So dem unverklärten Beieinander preisgegeben, wird den Leuten das Warten zur doppelten Last. Auf jede mögliche Weise suchen sie sich die sinnlose Zeit zu vertreiben, aber wohin sie auch treiben, die Sinnlosigkeit folgt ihnen nach [. . .] Die Älteren freunden sich vielleicht mit dem Warten wie mit einem Genossen an; für die jugendlichen Erwerbslosen dagegen ist es ein Giftstoff, der sie langsam durchdringt.«

Nun ist die Situation der Arbeitslosen heute anders als damals, doch immer noch gilt, daß die Ausstrahlung öffentlich uniformierter Räume gesellschaftliche Verhältnisse spiegelt, die sich »ohne die störende Dazwischenkunft

des Bewußtseins ausdrücken«. Man müsse solche Raum-
bilder als »Träume der Gesellschaft« auffassen, als Hiero-
glyphen, deren Entzifferung den »Grund der sozialen
Wirklichkeit« freilegt, schreibt Kracauer. Alles Verleugne-
te, alles was sonst geflissentlich übersehen wird, sei an seinem Aufbau beteiligt. Was in diesem Fall auch meint: Wer
in Amtsräumen wartet, soll gefälligst nicht wissen, mit
wem oder was er es zu tun haben wird.

So ist in den Warteräumen einer Behörde noch stets
das Bestreben spürbar, die Wartenden zu disziplinieren:
das abgestoßene Mobiliar, nacktes Neonlicht, Nummern,
mit denen man sich in den Abzählvers der Schlangen ein-
reiht, die scharfe Ausdünstung harrender Bittstellerei. Die
deprimierende Architektur für Antragsteller jeder Couleur
diktiert auch die trostlose Realität jener »Durchgangslager«
und Asylantenheime, in denen das Warten auf eine bessere
Zukunft häufig nichts weiter als eine Interimszeit zwischen
Flucht und Vertreibung ist. Selbst wenn solche Szenerien
allmählich dem gleichgültigen Design der Dienstleistungs-
gesellschaften weichen mögen – eine Spur von dieser langen Geschichte des bürokratischen Hinhaltens ist noch bei
jedem Schlangestehen auf linoleumbeschichteten Fluren
zu spüren. In ihnen ist die schwarze Essenz des Wartens
zu Hause.

Die sinnlos totgeschlagene Zeit im Labyrinth der Büro-
kratie hat zuerst Franz Kafka in eine existentielle Metapher
gefaßt. Wie massiv sich diese der Lebenszeit und des Körpers bemächtigt – das ist in der Käfergestalt des Versiche-
rungsangestellten Gregor Samsa ein für alle Mal zum
Emblem der Modernität geworden. Der Schrecken des
Aufwachenden ist das Gegenstück zu Marcel Prousts träu-
merischer Suche nach der verlorenen Zeit. »Lange Zeit bin
ich früh schlafen gegangen« – »Eines Morgens fand sich
Gregor Samsa in ein Ungeziefer verwandelt« – lauten die

beiden Ausgangssätze für zwei grundverschiedene literarische Unternehmen: Das eine verschrieb sich der Vergangenheit, das andere der Vergeblichkeit. Proust und Kafka sind unsere Kronzeugen an der Nahtstelle der beschleunigten Zeit, und Franz Kafka hat dem verwalteten Menschen in seinen Romanen als erster den Prozeß gemacht. Der Mann, der in der berühmten Parabel *Vor dem Gesetz* sein Leben vor einem Eingang verwartet – aufgehalten allein von einer niederen Charge oder seiner eigenen Mutlosigkeit –, ist der ängstliche Mensch der Moderne. »Gib's auf«, heißt der Schrecken des Endes, vor dem jede Erwartung zerfällt.

»Vor dem Gesetz steht ein Türhüter. Zu diesem Türhüter kommt ein Mann vom Lande und bittet um Eintritt in das Gesetz. Aber der Türhüter sagt, daß er ihm jetzt den Eintritt nicht gewähren könne. Der Mann überlegt und fragt dann, ob er also später werde eintreten dürfen. ›Es ist möglich‹, sagt der Türhüter, ›jetzt aber nicht.‹ Da das Tor zum Gesetz offensteht wie immer und der Türhüter beiseite tritt, bückt sich der Mann, um durch das Tor in das Innere zu sehn. Als der Türhüter das merkt, lacht er und sagt: ›Wenn es dich so lockt, versuche es doch, trotz meines Verbotes hineinzugehn. Merke aber: Ich bin mächtig. Und ich bin nur der unterste Türhüter. Von Saal zu Saal stehn aber Türhüter, einer mächtiger als der andere. Schon den Anblick des dritten kann nicht einmal ich mehr ertragen.‹ [...]

Solche Schwierigkeiten hat der Mann vom Lande nicht erwartet; das Gesetz soll doch jedem und immer zugänglich sein, denkt er, aber als er jetzt den Türhüter in seinem Pelzmantel genauer ansieht, seine große Spitznase, den langen, dünnen, schwarzen tatarischen Bart, entschließt er sich, doch lieber zu warten, bis er die Erlaubnis zum Eintritt bekommt. Der Türhüter gibt ihm einen Schemel und läßt ihn seitwärts von der Tür sich niedersetzen. Dort sitzt er Tage und Jahre.«

Der Türhüter, der dem »Mann vom Lande« in symptomatischer Verkennung der Lage bald selber zum Fixpunkt des Wartens wird, ist der heruntergekommene Cherubim, der die Rückkehr ins großbürgerliche Paradies der wiedergefundenen Zeit vereitelt:

»Der Mann, der sich für seine Reise mit vielem ausgerüstet hat, verwendet alles, und sei es noch so wertvoll, um den Türhüter zu bestechen. Dieser nimmt zwar alles an, aber sagt dabei: ›Ich nehme es nur an, damit du nicht glaubst, etwas versäumt zu haben.‹ Während der vielen Jahre beobachtet der Mann den Türhüter fast ununterbrochen. Er vergißt die andern Türhüter, und dieser erste scheint ihm das einzige Hindernis für den Eintritt in das Gesetz. [...] Schließlich wird sein Augenlicht schwach, und er weiß nicht, ob es um ihn wirklich dunkler wird, oder ob ihn nur seine Augen täuschen. Wohl aber erkennt er jetzt im Dunkel einen Glanz, der unverlöschlich aus der Türe des Gesetzes bricht. Nun lebt er nicht mehr lange. Vor seinem Tode sammeln sich in seinem Kopfe alle Erfahrungen der ganzen Zeit zu einer Frage, die er bisher an den Türhüter noch nicht gestellt hat. [...] ›Was willst du denn jetzt noch wissen?‹ fragt der Türhüter, ›du bist unersättlich.‹ ›Alle streben doch nach dem Gesetz‹, sagt der Mann, ›wieso kommt es, daß in den vielen Jahren niemand außer mir Einlaß verlangt hat?‹ Der Türhüter erkennt, daß der Mann schon an seinem Ende ist, und, um sein vergehendes Gehör noch zu erreichen, brüllt er ihn an: ›Hier konnte niemand sonst Einlaß erhalten, denn dieser Eingang war nur für dich bestimmt. Ich gehe jetzt und schließe ihn.‹«

Diese Parabel, die den Roman *Der Prozeß* in nuce enthält, ist ein Paradestück über das Warten, das sich in sich selber erschöpft. Wie die Helden in Kafkas unerforschlichen Labyrinthen sehen wir alle den fernen Schein und wagen ihm nicht zu folgen, weil so viele kleinliche Hindernisse uns so mächtig vorkommen wie dem Mann vom Lande der unterste Türhüter. Erst wenn es zu spät ist, droht jedem die Einsicht, welche dem lebenslang Wartenden schließlich beschieden wird: »Dieser Eingang war nur für dich bestimmt.« Ein halbes Jahrhundert nach Kafka hat der amerikanische Lyriker Robert Lowell dieses Ende unseres Erwartungshorizonts in eine Pointe gebracht: »Das Licht am Ende des Tunnels ist das des entgegenkommenden Zugs.«

Ein bißchen Konversation

> Sie gebären rittlings über dem Grab, der Tag
> erglänzt einen Augenblick und dann von neuem
> die Nacht.
>
> (Samuel Beckett)

Vom Tragischen zum Lächerlichen ist es nicht mal ein Schritt – und wenn, dann hat ihn Beckett für uns vollzogen. »Es war die nackte ungeheuerliche Wahrheit, daß während seiner ganzen Wartezeit das Warten sein Schicksal gewesen war«, lautet ein Eintrag in Becketts Tagebuch; es handelt sich dabei um einen frühen Entwurf für *Das letzte Band*. So war es Samuel Beckett, der Kafkas Parabel zu Ende geschrieben hat. Becketts Heroen der Vergeblichkeit sind moderne Verwandte des Sisyphos mit seinem Stein. Der Fels, den sie tagsüber auf den Berg wälzen und der des nachts, wenn das Warten auf morgen verschoben wird, wieder herunterrollt, heißt »Godot«. Man müsse sich Sisyphos als glücklichen Mensch vorstellen, schrieb Albert Camus, neun Jahre bevor *Warten auf Godot* in Paris zur Uraufführung gelangte. Sisyphos hat den Tod überlistet, als Strafe wird er zu seiner Vergeblichkeitsübung verdammt. Dabei ist es das inzestuöse Warten selbst, das im »Godot« die existentialistische Sinnfrage gleich mit *ad absurdum* führt. »Die Zeit ist vergangen«, sagt der Sklave Lucky, der am unbrauchbaren Gepäck des Denkens vielleicht am schwersten zu tragen hat. »Sie wäre sowieso vergangen«, sagt Estragon. Und also machen die Protagonisten des Stücks, woraus unser Leben im Großen und Ganzen besteht: »ein bißchen Konversation«.

Beckett hat die Gestalt des Wartens ins Komisch-Absurde getrieben; seine Mülltonnenexistenzen, die in endlosen Warteschleifen sich drehenden Monologe haben das

Warten zum reinen Selbstzweck entleert. Herausgelöst aus allen Ordnungen, die dem Dasein Schwere und Richtung geben, sind diese Restexistenzen – »Hiobs auf dem Misthaufen« wie Ionesco sagt – Spieler zwischen leerem Himmel und offenem Grab. Das Schlimmste, was ihnen passieren kann, sind die Pausen, und ihre »Endspiele« sind dazu da, diese Pausen zu überbrücken. Das macht sie zu poetischen Existenzen.

Im August 1984 ist der Dramatiker George Tabori nach Paris gereist, um Samuel Beckett zu treffen; in seinem Essay *Warten auf Beckett*, der selber eine spielerische Etüde aufs Warten ist, verbringt er einen halben Tag und eine Nacht in Erwartung des Meisters:

»›They also serve who only stand and wait.‹ Bewaffnet mit solch miltonscher Demut, kam ich zwölf Stunden zu früh, um meine Verabredung auch ja nicht zu verpassen. Beckett seinerseits kam dreiundsechzig Sekunden zu spät. Insofern eine natürliche Übung in dem, wovon das Stück handeln soll, wenn es denn davon handelt. ›Nichts ist sicher‹, sagt Estragon.«

Wenn das Stück denn vom Warten handelt, dann wohl in jenem Sinne, daß Warten und Aushalten eins sind. Aber man kann nie wissen. Becketts Texte quittieren den Bankrott jeder Eschatologie, zugleich ist es »gut möglich, daß das Stück die erste wirklich religiöse Farce ist; es macht die Religion lustig, statt sich über sie lustig zu machen«. Taboris Lesart ist vermutlich die hellste, die man Becketts »Abendstück bei herangaloppierender Nacht« entnehmen kann. Ihr erschließt sich in der nicht nachlassenden Hoffnung, daß Godot doch noch erscheint, eine theatralische Dimension des Wartens, die notorisch düpiert wird.

Denn Theater ist selbst reines Warten. »Dramatik bedeutet immer warten, daß ›es‹ geschieht. Wir warten im Zuschauerraum darauf, daß der Schurke bestraft wird, die

Liebenden vereint werden, daß der Bote des Königs eintrifft, wie gerufen.« Becketts Neuerung, meint Tabori, bestand in der Weigerung, »es passieren zu lassen«. Das Ausbleiben von Godot aber ist keine Tragödie, sondern – entgegen allen Auguren des Hoffnungslosen – ein Glück. Wenn wir das Warten haben, hat unser Dasein eine Richtung und einen Zweck. Der ideale Zuschauer soll zurückkehren, Nacht für Nacht, und sich dem gleichen Test unterziehen wie Vladimir und Estragon: »Solange wir zur verabredeten Stunde erscheinen, sind wir gerettet, wenn nicht, werden wir bestraft. Das ist christliche Dramaturgie: das Leben wartet darauf, daß das Leben beginnt, nachdem es zu Ende ist.«

Insofern ist Godot »das beste christliche Stück seit der Matthäuspassion, eine Passion als Vaudeville und eine Liebesgeschichte«. Denn heute Abend wird Godot nicht kommen, aber höchstwahrscheinlich morgen. Daran hat Tabori immer geglaubt, und es hat ihn deshalb «nicht besonders bekümmert, wenn er nicht kam«. Vladimir und Estragon aber seien in Wahrheit Liebende. »Solange sie sich treffen, wenn es Abend ist, ist ihre Liebe intakt. Um die Intaktheit dieser Liebe müssen wir zittern.«

Was meint: der Wartende will vom Warten so wenig erlöst werden wie der Liebende von der Liebe. Daß »die Existenz eines persönlichen Gottes kwakwakwakwa mit weißem Bart kwakwa außerhalb von Zeit und Raum der aus der Höhe seiner göttlichen Apathie göttlichen Athambie göttlichen Aphasie uns lieb hat bis auf einige Ausnahmen man weiß nicht warum aber das kommt noch ...«, daß also jede Heilserwartung gleich parodistisch mit erledigt wird, gehört zu der perfiden Logik eines Wartens, das nichts als das Warten selbst enthält. Die Zeit wäre sowieso vergangen.

Zum Warten gehört strukturell das Nichtendenwollen. Gewiß, es gibt auch das Warten zwischen zwei Zeitepisoden, sein Ende ist auf die Minute genau zu bestimmen. Um so und soviel Uhr hört etwas auf, in einer halben Stunde beginnt etwas anderes. Dazwischen vertreibe ich mir die Zeit. Ich kann nun nach innen abwandern, der Kopf entläßt mich für einen Moment aus den Normen der Kenntlichkeit. Ich kann lesen, einen Kaffee trinken gehen, rauchen. Wie viel Zeit ging einmal auf das Konto jener genußbesetzten Minuten, in denen man sich eine Zigarette ansteckte – oder anzünden ließ –, frivol vergeudete Zeit, die man einfach in blauen Dunst aufgehen ließ. Das immer auch flirtanfällige Ritual, das dem einsamen Wolf und der blasierten Frau gleichermaßen gut zu Gesicht stand, ist inzwischen zu einer Pausengeste des letzten Jahrhunderts mutiert, von der nur ein paar verschämt zusammengeduckte Gestalten übriggeblieben sind, die frierend auf dem Balkon oder vor den Türen eines Bürogebäudes herumstehen. Doch ob mit oder ohne den Qualm: niemand kann je bestimmen, wie lang mir der Augenblick dieses Wartens erscheinen wird. Warten ist subjektive Zeit. Irgend etwas erzwingt einen Zwischenstop im erwartbaren Gang der Dinge, und schon sind wir wie die Raubkatzen kurz vor der Fütterung. Im besten Fall ist das Warten geschenkte, in der Regel geraubte Zeit. Doch stets wird beim Warten die Zeit selbst zur Befindlichkeit.

Wo man die Frist des Wartens mit einem Ziel verknüpft (bis du wiederkommst, werde ich das und das fertig gemacht, dieses und jenes verändert haben), kommt eine sportliche Komponente ins Spiel, welche die Mühe des Wartens mit einem Sieg über uns selber belohnt. Indem

wir versuchen, der Zeit unsere eigene Dramaturgie auf-
zuzwingen, gelingt es uns womöglich sogar, uns aufs Ende
des Wartens zu *freuen*. Und ist nicht das halbe gelingende
Leben um solche Selbsttäuschungen herum gebaut, in denen die Überredungskunst gegen uns selbst uns vor dem
genuinen *Horror vacui* des Wartens bewahrt?

Fünfter sein

türe auf, einer raus, einer rein
vierter sein
türe auf, einer raus, einer rein
dritter sein
türe auf, einer raus, einer rein
zweiter sein
türe auf, einer raus, einer rein
nächster sein
türe auf, einer raus,
selber rein
tagherrdoktor

(Ernst Jandl)

Das Warten ist uns besonders verleidet, wenn es mit Krankheit paktiert. In banger Erwartung der Diagnose wird uns die Zeit zur Galgenfrist. Dann ist das Wartezimmer des Arztes die kleine Vorhölle, in der man gemeinsam im Fegefeuer der Ungewißheiten schmort. Vielleicht ist das der Grund, weshalb sich die Wartezimmer alle so ähneln. Die Einheitsparade der Stühle, die immer gleiche Anordnung des Mobiliars, die Stapel der Illustrierten, die Kinderecke mit ihren drei Bilderbüchern und Bauklötzen, die Kunstdrucke an den Wänden (Gauguin, Klee, Matisse), das ganze kostengünstige Wohlfühlinventar, das man aus zweitklassigen Hotels und Reha-Kliniken kennt: Es ist, als wollte man auch unser Warten uniformieren im Raum des unbeirrbaren Durchschnittsgeschmacks.

Dabei ist die Anonymität des Wartezimmers natürlich auch eine Schutzvorrichtung; die geballte Nähe all der gemeinsam ausharrenden Kranken verlangt ein neutrales Gegengewicht. Es ist ja ein seltsamer Zwang, der uns im

Wartezimmer des Arztes zu einer Schicksalsgemeinschaft verschmilzt: unsere Leiden müssen einander ähneln wie die Stühle, auf denen wir sitzen. Wir sind Patienten – ein Wort, in dem die Geduld schon drinsteckt; wir sind hier aus dem gleichen Grund. Inmitten dieser intimen Gemeinsamkeit aber beginnen wir schnell, die Unterschiede zu registrieren. Das erste, was auffällt, sind die, denen es offenbar schlechter geht als uns selbst. Schnell wird das Warten zum Studium von Ticks, Kleidung, Eigenheiten. Diese Frau dort, hat sie nicht ein Vermeer-Gesicht? Man muß sie sich nur mit Haube und Schnürbrust vorstellen, sie sähe aus wie aus einem alten Gemälde entstiegen. Wahrscheinlich ist sie eine Bankangestellte, die morgens um halb acht das Haus verläßt und heimlich von Leonardo DiCaprio schwärmt. Oder dieser kurzgeschorene Typ, der sich ständig irgendwo kratzt; er hat Ähnlichkeit mit Brad Pitt, weiß aber nicht, daß er besser aussehen könnte, wenn er mehr Selbstdisziplin aufbringen würde. Und schon entwirft man in Kürze Lebensläufe, die zu den Gesichtern die passenden Schicksale finden – auch weil so in den Variationen auf eine fremde Biographie die eigene Not für eine Weile in den Hintergrund tritt.

Wenn jede Krankheit, wie der Psychosomatiker Georg Grodeck meint, der Schutz vor einer schlimmeren Krankheit ist, dann könnte man sagen: Der Körper legt mit seinen Ausfällen eine Pause ein, er protestiert gegen seine Totalintegration in die verwaltete Zeit. Denn im Grunde ist die Erkrankung eine Art Wartezeit, in welcher uns die Physis mit ihrer spezifischen Langsamkeit konfrontiert. Das Kranksein ist in zwei Zeitformen aufgehoben. Es erzwingt reine Gegenwart, und ist doch stets bezogen auf den »Moment«, wo man der Krise entkommen sein wird. Das zieht sich bis in die Rekonvaleszenz hinein, wo sich Warten und Schwäche zu einem fraglosen Zustand legieren. Wer sich dem seltsam matten Gefühl überläßt, das uns eine Weile noch wie in Watte bettet und sanft in die Welt der festen Formen und Forderungen hinüberführt, der ist noch einmal auf jener Zeitinsel unterwegs, die uns als Kindern so kostbar erschien. Umhegt von der Sorge der Großen war man geschützt vor dem Zugriff der Pflichten, in einer Kapsel der nicht befehligten, höchstens dem Lesen verfallenen Zeit.

Wo das Warten sich dann mit dem Schmerz verbündet, in der Notaufnahme zum Beispiel, zeigt es erst seine wahre Raubtier-Natur. Nirgends sonst wird die Macht, die ein anderer über uns hat, spürbarer als in den langen Momenten, in denen wir auf die Erlösung von unseren Schmerzen hoffen. Gäbe es einen Engel des Wartens, er wäre Anästhesist. Wenn die Narkose uns dann ins Vergessen schickt, ist das Warten auf andere übergegangen; nun warten diese darauf, daß wir wieder erwachen. Unversehens haben wir ihnen ein Stück unserer Lebenszeit aufgebürdet, das ohne uns ablief.

Mit dem Auftauchen aus der Narkose aber wird wieder spürbar, daß Lebenszeit immer auch heißt, auf den Tod zu warten. Zugleich ist jedoch das Gegenteil wahr. Denn mit einer gefährlichen Diagnose erwacht oft der Wunsch, der verbleibenden Zeit ein Schnippchen zu schlagen. Man versucht nun, so viel als möglich hineinzupacken, allem voran das Versäumte, das nun »nicht mehr warten« kann. Als hätte es immer dort gestanden, auf Abruf und Anhieb bereit. Daß dem nicht so ist, erfährt jeder, der unter dem Nachholzwang *Kairos* am Schopf packen will: Wo er gedungen wird, trägt der glückliche Augenblick eine Perücke. Auch das Verpaßte hat seine eigene Zeit gehabt.

Intermezzo

Erwartung, Geplünderte Zeit
Lange Zeit bin ich nachmittags ins Café gegangen. Saß dann
stundenlang hinter der Zeitung verschanzt in einer Lektüre, die
über die Schlagzeilen nicht hinauskam. In meiner Erinnerung
schlägt noch immer der Regen gegen die Fenster, im Hintergrund
die eilfertigen Geräusche des gastronomischen Hochbetriebs. Ich
wartete, vor mir einen Café, im Rücken die Geisterschiffe vergeu-
deter Stunden. Bangen – das Wort hätte von mir erfunden sein
können, für diese Sehnsucht nach etwas Unbestimmtem, etwas,
das kommen sollte und sich von Furcht nicht recht unterschied.
Nichtsnutzigkeit, geplünderte Tage. Ich war von etwas vergessen
worden, ich hatte irgend etwas versäumt. In diesen Augenblicken
wünschte ich mich zurück in ein Früher, das einem andern ge-
hörte, einer Person vor meiner Zeit. Doch ist es wohl so, daß wir
am Ende, egal was kommt, hinter unserer Sehnsucht immer zu-
rückgeblieben sein werden.

III

Das Zögern vor der Geburt

Lahme Tage

Krankheit ist oft auch das Einfallstor für jenen Wartezustand, der uns das Leben als zähe Zeitmasse ins Bewußtsein rückt: die quälende Langeweile. »Die Hohlheit des Herzens vor der Leere der Zeit«, wie der rumänisch-französische Schriftsteller Emil Cioran den Ennui genannt hat, würde man heute wohl in den meisten Fällen als klinische Depression diagnostizieren. Langeweile haben wir, wenn wir nicht einmal mehr wissen, worauf wir warten. Was man in diesem Vakuum, das sich nicht selten zum existentiellen Ekel aufbläht, einzig vernimmt, »ist das Pochen der Zeit in einem selbst«.

Doch war die exklusive Verdrossenheit, die Bibliotheken voll nachtschwarzer Reflektionen hervorgebracht hat, literarisch immer sehr fruchtbar. »Nichts dehnt so lang sich wie die lahmen Tage,/ wenn unter schweren Flocken schneeverhangener Jahre die Langeweile/, Ausgeburt der dumpfen Teilnahmslosigkeit,/ das Ausmaß der Unsterblichkeit gewinnt«, dichtete Baudelaire in den *Fleurs du Mal*, jenem Gedichtzyklus, in dem die Blumen des poetischen Augenblicks am Rande der Grands Boulevards gepflückt wurden. Mit ihm kam für eine Weile die Schildkröte als Schrittmacher auf den Plan, die, von den Bohemiens der Großstadt gegen den Furor der industriellen Beschleunigung in Stellung gebracht, die Gangart in den Pariser Passagen vorgab.

Auch bevor der Ennui im Dandy gesellschaftsfähig wurde, war die Langeweile ein fruchtbarer Nährboden für die
Blumen des Bösen. Hier hatte der Teufel seine Spielwiese,
hier tummelten sich – besonders in Zeiten der »Liaisons
dangereuses« – die Verführer, und die Szene dafür bereitet
die schöne Literatur. »Seit dem ersten Roman, den eine
Frau mit fünfzehn Jahren heimlich gelesen hat, wartet sie
im stillen auf die Liebe aus Leidenschaft«, schreibt Stendhal
im Jahr 1822 in seinem Essay *Über die Liebe*. Das bange
Warten auf die große Passion hat dreißig Jahre später in
Flauberts *Madame Bovary* wohl seine berühmteste Protago-
nistin gefunden, und Langeweile und populäre Romane
haben dafür die Spur gelegt. »Emmas Dasein war kalt
und öde wie ein Kornspeicher, dessen Luke nach Norden
geht, und die Langeweile webte in den Ecken ihres Herzens wie eine häßliche Spinne ihr Netz. [...] Im Grunde
ihrer Seele jedoch wartete sie auf irgendein Ereignis. Wie
der verzweifelte Matrose auf dem Meer suchte sie mit
bangen Augen einen fernen, blassen Stern am unbestimm-
ten Horizont ihres öden Lebens.« Dieser Stern trägt alsbald
den Namen Rodolphe.

Es versteht sich, daß der weibliche Aufstand gegen das
lebenslänglich verordnete Warten zu dieser Zeit zwangs-
läufig ins Verderben führt, besonders, wo es sich mit ab-
gelaufenen Zahlungsfristen liiert. Emmas »Putzsucht«, ihre
Verfallenheit an Modeartikel und schöne Kleider, dieses bis
heute probate Mittel gegen die Fäulnis der Seele, bereitet
den Boden für die Strafe, die auf all die armen Ehebreche-
rinnen des 19. Jahrhunderts wartet, nachdem die Leidenschaft sich im Alltag aufgelöst hat. Nicht mehr bereit, die
Tilgung der Schuld länger auszusetzen, treibt der Tuch-
händler mit dem unglücklichen Namen Lheureux die
Schuldnerin in den Selbstmord. Ein Ausweg, der auch
Emmas Schwestern, Effi Briest und Anna Karenina, auf-

gedrängt wird. Im Grunde hat erst die zweite Hälfte des 20. Jahrhunderts das weibliche Geschlecht von der Ausweglosigkeit eines Wartenmüssens erlöst, für das man der »Natur« die Verantwortung zuschob. Die Erwartung des Märchenprinzen aber ist als geläufige Phantasie bis in unsere Tage hinübergerettet worden – oder wenigstens als trivialer Mythos, der die kollektiven Träume der Klatschpresse immer noch speist.

Intermezzo

Die schlafende Muse
Ich weiß, sie läßt sich nicht rufen. Ihr Schlaf ist nicht störbar, in diesem Sinn also ewig. Und doch kommt sie hin und wieder vorbei. Also erwarte ich sie, locke sie mit den Schlenkerbewegungen des Müßiggangs, biete ihr alles Mögliche an. Nein, sie läßt sich nicht verführen. Ich muß sie vergessen haben, damit sie von mir träumt und eifersüchtig erwacht.

In Walter Benjamins poetischer Formulierung ist die Langeweile »der Traumvogel, der das Ei der Erfahrung ausbrütet«. Anders gesagt: sie kann auch die Warteschleife für unsere besten Kräfte sein. »Langeweile, nicht die pathologisch depressive, sondern die intermittierende Stimmung unserer Wachstumszeiten, schließt die Welt nur zu, um sie wieder neu aufzuschließen«, schreibt Dieter Wellershoff in seinem autobiografischen Text *Langeweile und unbestimmtes Warten*. Diese Form der Langeweile »löst den Pakt zwischen Ich und Welt, den die Gewohnheit, das Bescheidwissen, die festen Bedeutungen gestiftet haben, und erneuert hinter ihrer Nebelwand den Geheimnischarakter des Lebens«. Unmerklich, so erinnert sich Wellershoff an seine Jugendjahre, »konnte die Seelenlähmung der Langeweile in ihr Gegenteil wechseln, in ein unbestimmtes Warten. Aber vielleicht war das auch keine gegenteilige Verfassung, sondern vielmehr die Erfüllung einer in der Langeweile geschaffenen Voraussetzung, das Einströmen des Lebens in die leergeräumten Positionen«.

Das ist, im Duktus des letzten Jahrhunderts gesprochen, wohl etwas ähnliches wie die noch ans Maritime appellierende »Windstille der Seele«, von der Nietzsche meinte, daß sie »der glücklichen Fahrt und den lustigen Winden vorangeht«. Jeder schöpferische Mensch müsse diese ertragen; »ihre Wirkung bei sich *abwarten*« – und das eben sei es, »was die wenigsten von sich erlangen können«. Oder, um es ins Zeitgenössische zu übersetzen: was wir in unserer Dauerzwangsbeglückung nicht mehr vorsehen. Das *Abwarten* aber ist die Spanne, in der wir innehalten, um den Fang des Vergessens zu ködern. Denn in der Latenz der Seelenflaute lauert die gute Idee. So gehört auch die Ablenkung zu dem zündenden Augenblick immer dazu. Die Ausweichmanöver, in denen wir beispielsweise die Angst vor dem leeren Papier mit kleinen Hausarbeiten befrieden, dienen der Ent- und Anspannung gleichermaßen: Etwas bereitet sich vor, die Gedanken brauchen noch eine Weile, um sich zu versammeln und in der richtigen Reihenfolge aufzumarschieren. Franz Kafka nannte diesen Prozeß »das Zögern vor der Geburt«.

Die Verwandtschaft zwischen Schreiben und Warten hat vielleicht niemand unerbittlicher zum Thema gemacht als Kafka, dessen »Teufelsdienst« an den Musen man sich immer im hintersten Zimmer eines tief in die Erde eingelassenen Verlieses vorstellen muß. Jedenfalls hat er seinen idealen Arbeitsplatz selbst so beschrieben. Nur einmal des Nachts solle jemand vorbeikommen und ihm eine winzige Mahlzeit vor die Tür stellen, leise klopfen und sofort wieder verschwinden.

So durchzieht das Warten Kafkas Bücher als Topos einer notorischen Irritation, die seine immerzu schläfrigen Helden im Unklaren darüber läßt, ob sie die Klippen der Müdigkeit nun im Schlafen umschiffen sollen oder im Wachen. Bei Kafka, der der Inversion von Schlafen und Wachen sein Werk abtrotzte, war eigentlich immerzu Nacht, doch daß er selbst jemals richtig geschlafen hat, kann man sich entgegen aller Wahrscheinlichkeit nur sehr schwer vorstellen. Zumindest kam es ihm selbst durchaus nicht so vor. Seine »fragwürdigen Umarmungen« mit den dunklen Mächten der Einbildungskraft fanden jedenfalls immer nachts statt, während der unglückliche Versicherungsangestellte tagsüber bei seiner Fronarbeit im Büro Augenblicke erlebte, wo »ich redend oder diktierend richtiger schlafe als im Schlaf«.

Die somnambule Selbstvergessenheit, die Kafka als Schreibverfassung anstrebt, gleicht dem Delirium des

Traums, in dem die Gravuren des Unbewußten auf unserer Seelenmatrize erscheinen. Während aber der Traum das Gehäuse des Schlafs eigenmächtig mit seinen Angst- und Wunschbildern tapeziert, ist das Rendezvous mit den Musen von Gouvernanten bewacht. Zwar bewegt die Dichtung sich immer auch an den Grenzen zur Trance, die dem Tagtraum der Schrift ihre Bilder diktiert. Doch erst in dem Wartestand zwischen Schlafen und Wachen, in dem noch nicht die Vernunft und schon nicht mehr die Anästhesie des Bewußtseins regiert, gibt der Traum seinen metaphorischen Mehrwert preis. Der Autor ist ein Schwellenkundiger, ein Dolmetscher zwischen Innen- und Außenwelt, der aus der Synthese von Denken und Andenken, Methode und Meditation, Grammatik und Gleichnissen seine Sätze baut. Dichtung ist einem Bonmot gemäß zu zehn Prozent Inspiration und zu neunzig Transpiration. Doch ohne den Riß in der Zeit, da die Muse auf der Schwelle erscheint, ist alle Mühsal umsonst. Die Muse aber läßt sich nicht zwingen. Und doch muß man ihr das Terrain bereiten, das aus nichts als Warten besteht.

Warten und Erwarten ist nicht dasselbe. Die Erwartung ist auf der Seite der Zukunft, das Warten ist im Augenblick gefangen. Man erwartet, daß dieses und jenes geschieht. Vielleicht nicht sofort, aber sehr bald. Und ich warte darauf, daß etwas irgendwann einmal vorbei sein wird. Vielleicht wird es das aber nie. Das Warten auf den richtigen Augenblick, auf ein Zeichen, den Sekundenbruchteil, wo unser Instinkt uns sagt: *Jetzt* ist er da, ist womöglich eine der wichtigsten Fähigkeiten, die man erlangen kann. »Es sind Glücksfälle dazu nöthig und vielerlei Unberechenbares, daß ein höherer Mensch, in dem die Lösung eines Problems schläft, noch zur rechten Zeit zum Handeln kommt – ›zum Ausbruch‹, wie man sagen könnte. Es geschieht durchschnittlich *nicht*, und in allen Winkeln der Erde sitzen Wartende, die es kaum wissen, in wiefern sie warten, noch weniger aber, daß sie umsonst warten«, schreibt Friedrich Nietzsche unter dem Stichwort »Das Problem der Wartenden« in *Jenseits von Gut und Böse*. Lassen wir den »höheren Menschen« einmal beiseite, so gilt doch für jeden Akt, daß »der Weckruf« – jener Zufall, der die »Erlaubniss zum Handeln giebt«, – zu spät kommen kann und »die beste Jugend und Kraft zum Handeln durch Stillsitzen verbraucht ist«. Denn wenn das Warten zum ewigen Zaudern wird, gilt immer noch Mephistos Warnung an Faust: »Die rechte Zeit zum Handeln stets verpassen, nennt Ihr die Dinge sich entwickeln lassen.«

In Dantes Fegefeuer droht den ewig Säumigen ein ebenso langes Schmoren in der Vorhölle des Wartens, als ihr vertrödeltes Dasein währte – falls fromme Menschen sie nicht aus dieser Verdammnis erlösen. Doch auch jedes Komplott, jeder Racheakt braucht das Warten im Hinterhalt – zwischen die Konvulsionen des Hasses und sein Kalkül hat der Gott des Zorns das Zögern gesetzt. Was auch heißt: Warten macht schuldig. Mit dem ersten Schritt vom Auflodern des Affekts zu Vorsatz und Plan fällt die Temperatur ins Frostige der Berechnung – bis zu jenem Nullpunkt an dem Strategie und Finte im rechten Moment aufgehen. »Darum läßt sich sagen: Der Zornige, der sich vorläufig zurückhält, ist der erste, der weiß, was es bedeutet, etwas vorzuhaben«, schreibt Peter Sloterdijk in seinem Versuch über *Zorn und Zeit*. Er ist zugleich der erste, »der nicht nur in Geschichten lebt, sondern auch Geschichte macht – sofern das Machen hier so viel heißt wie: der Vergangenheit die Motive entnehmen, um für Kommendes zu sorgen. In dieser Hinsicht gibt es nichts, was sich mit der Rache vergleichen ließe«.

Das Hinauszögern, die Steigerung der Erwartungskurve, trägt aber auch das größte Glücksversprechen in sich: es ist die reale Gestalt der Hoffnung. Wenn wir etwas freudig erwarten, sind wir für Augenblicke wie ohne Bewußtsein. Wie der Hund, der mit jedem Bissen, der ihm verwehrt wird, unbeirrt auf den nächsten hofft, immer und immer wieder, läßt die frohe Erwartung sich nicht belehren. Ich kann beharrlich etwas erwarten, von dem mein Verstand mir sagt, daß es jetzt auf keinen Fall kommt. Dieses Erwarten ist nicht korrigierbar, es ist der animalische Trotz des Herzens. Ich weiß es genau: die Wartefrist wird erst dann und dann an ein Ende gekommen sein – und doch nährt die Erwartung notorisch den Funken des Wunsches wider besseres Wissen. Ich warte auf einen Brief, einen Anruf, ich weiß, die Person wird nicht schreiben, nicht anrufen vor diesem Tag, dieser und jener Stunde. Und doch prüfe ich wieder und wieder, ob nicht ein wohlgesonnener Geist ihre Pläne durchkreuzt und meine Wünsche erhört hat.

Wartenlassen

Wieder einmal komme ich zu spät. Hier sind Warten und Er-
warten – des anderen – eins. Er erwartet mich zu dem und dem
Zeitpunkt da und dort. Er erwartet einen Anruf, wenn ich später
komme. Nun sehe ich ihn vor mir, wie seine Blicke den Raum
durchmessen. Er meint mich in jedem Augenblick eintreten zu
sehen. Ich sehe es vor mir: Er schaut auf die Uhr. Wird erst
ungeduldig, dann unruhig, für einen Sekundenbruchteil vielleicht
sogar ängstlich (das ist meine Beruhigung, mein Triumph), zu-
letzt ärgerlich. Nun ist, wenn ich komme, die Stimmung verdor-
ben. Ich muß jetzt aufpassen, daß ich ihn nicht daran erinnere,
daß das letzte Mal er es war, der mich warten ließ – beim War-
tenlassen zählt nur der gegenwärtige Augenblick. Dieses eine Zu-
spätkommen macht alle anderen Pünktlich- und Unpünktlich-
keiten völlig bedeutungslos. Und gleichwohl habe ich – ob gewollt
oder nicht – einen kleinen Sieg errungen über sein Verlangen, mich
endlich eintreten zu sehen. Und sei es nur, um dem Warten end-
lich ein Ende zu machen.

Dein heutiger Brief läßt mich ermessen, was Du
gestern (am. 13.) vielleicht wieder bis zum Abend
durchlitten hast. Natürlich hatte ich wie immer am
12. und zwar um 5 Uhr einen rekomm. Brief ab-
gesandt. Dein morgiger Brief wird hoffentlich die
Nachricht bringen, daß er überhaupt angekommen
ist, wie Dein heutiger die Mittheilung über den
Taborer Brief gebracht hat. [. . .] Der Brief aus Ta-
bor gieng also immerhin 26 Stunden nach Janowitz,
der rekomm. Brief vom 12. scheint auch so lang,
wenn nicht länger gebraucht zu haben. Bitte um
genaue Mittheilung, wann er gekommen ist, damit
ich Beschwerde machen kann. Ich fürchte, daß am
Ende der gestrige (13.) dieselbe Verzögerung hat,
und der heutige auch, oder aber alle drei zugleich
ankommen. (Für das seinerzeit überhaupt nicht zu-
gestellte Telegramm wurde das Geld zurückgege-
ben.) Man kann wirklich in diesem Staat nicht länger leben.

(Karl Kraus an Sidonie von Nadherny)

Seit es den Postverkehr gibt, ist das Warten auf einen Brief
der Ausdruck einer nie zu befriedenden Sehnsucht. Denn
zum Briefeschreiben gehörte einmal der Weg, den die be-
schriebenen Blätter nehmen würden: die Zeit, in der sie
im Postkasten lagern, die Frist, in der sie verschifft, per
Eisenbahn oder per Flugzeug an den ihnen bestimmten
Ort reisen würden. Das epistolare Nachrichtenwesen war
allem voran ein Hort der verzögerten Zeit. Auch das Hap-
tische eines Briefs, das Papier, die Schrift aus Tinte oder
auch Druckerschwärze, der Umschlag, der jede Depesche
zum potentiellen Geheimnisträger adelte, gehörte zu der
Durchquerung des Raums in der Zeit dazu. Noch immer –
oder heute noch mehr – ist uns das Kostbare solcher Luft-
fracht bewußt; auch deshalb simulieren die Postwurfsen-

dungen gern eine Handschrift auf ihrem Umschlag. Und auch der Empfänger fühlt das geballte Versprechen solcher Verschlußsachen – als wäre der Brief in der Zeit seines Unterwegsseins kompakter geworden. Denn ein Brief enthält stets auch ein Stück leiblicher Anwesenheit, die Spuren dessen, der schreibt.

Damit ist es wohl bald vorbei. Mit der Beschleunigung des Nachrichtenwesens hat sich auch der Pulsschlag unseres persönlichen Austauschs der Schnellschuß-Frequenz des *online*-Verkehrs und damit fast schon der Gleichzeitigkeit angepaßt. Die Beschleunigung der Kommunikation hat uns freilich nicht von der Pein des Wartens erlöst. Ja, durch die Synchronisierung von Erwartung und Erfüllungsgeschwindigkeit ist die Ungeduld eher gewachsen. Das gilt insbesondere für die romantische Post. Nicht nur erwarten wir nun unverzüglich Antwort, man verflucht häufig sogar schon die Zeit, die es braucht, eine *E-mail* zu verfassen.

Die Simulation der Gleichzeitigkeit war freilich seit den Anfängen der Briefkultur das ehrgeizige Ziel der empfindsamen Korrespondenz. Schon Goethe verfaßte für seine Briefpartnerin Auguste von Stolberg eine Art »Stundenbuch«, in dem er seinen Tagesablauf geradezu hektisch protokollierte:

»d. 15. Guten Morgen. Ich habe eine gute Nacht gehabt und bin ietzt recht wie ein Mädgen. Sie rathen nicht, was mich beschäftigt, eine Maske auf kommenden Dienstag, wo wir Ball haben.

Nach Tisch! – Ich komme geschwind gelaufen, dir zu sagen was mir drüben in der andern Stube durch den Kopf fuhr: es hat mich doch kein Weiblich Geschöpf so lieb wie Gustgen [...] halb viere. In Brunnen gefallen, wie ich's ahndete. [...] halb 5. ich wollt ich könnt mich dir darstellen wie ich bin.«

Diesem Wunsch nach unmittelbarer Präsenz und »Au-

thentizität« scheinen wir auf eine paradoxe Weise näher-
gekommen zu sein. Denn obschon ihm alles Leib- und
Sinnliche fehlt, erweitert der elektronische Schriftverkehr
die Zonen der Intimität. In der zwischen Mündlich- und
Schriftlichkeit leger oszillierenden Ansprache kommt es
online nicht selten zu einer merkwürdigen Ausschüttung
von Vertraulichkeiten und so zur Annäherung zwischen
Menschen, die sich in Wirklichkeit nicht sonderlich gut
verstehen würden. Schüchterne kaschieren Hemmungen,
rhetorisch Unbegabte treten zur ornamentalen Formulie-
rungskür an. Das »Netz«, dieser ganz und gar imaginäre
Raum, suspendiert die Zweifel des Wartens, es enthebt uns
der Schwere der Existenz mit all ihren physischen Makeln.
Alle Tonlagen – auch unter Fremden – erscheinen auf einmal erlaubt. Die *Mailbox* ist die Probebühne einer unge-
deckten Nähe, weil alles den Charakter der Vorläufigkeit
behält. Auch darum bahnen sich heute viele Liebesge-
schichten im Internet an. Schließlich entspricht nichts
dem Charakter des ersten Verliebtseins mehr als das ganz
und gar Imaginäre solch einer *E-mail*-Romanze.

Was geschieht aber, wenn den Worten die Wege verlo-
rengehen, die Phasen, in denen ihnen ein Sinn zuwächst,
von dem wir beim Abfassen eines Briefes womöglich noch
gar nichts wußten? Kommt ihnen nicht auch eine Fülle der
Lesbarkeiten abhanden? Denn das Senden eines Briefes ist
ja stets auch ein magischer Griff in die Zukunft; und wir
haben diese Etappe in solcher Post immer antizipiert. Indem man sich den Empfänger beim Lesen ausmalte,
schrieb man dem Brief die Wege mit ein. Wie einem
Palimpsest war der aktuellen Mitteilung die Spanne der
Zeit unterlegt, die Fülle der Möglichkeiten und Überraschungen, die bei ihrer Ankunft der Fall geworden sein
könnten. Und die wir, wie der Schmetterling im brasilia-
nischen Regenwald den Wirbelsturm am anderen Ende

der Welt auslöst, durch unseren Brief womöglich initiierten.

Die Interimszeit zwischen dem Abschicken einer Botschaft und ihrer Ankunft schuf allerdings immer schon einen fruchtbaren Boden für Mißverständnisse und Verwirrungen. Und wie viel Unglück ging einmal auf das Konto von Nachrichten, die ihre Empfänger zu spät erreichten!

»8. 2. 1970
Paul, lieber
Es sind Tage erfüllt von Kämpfen – Kämpfe von überall her – dazu die Kämpfe mit mir selbst, mit den Stunden, den Minuten, mit dem Postfach. Kampf mit Dir und um Dich – mit Warten, wie lange? Worauf?«

Ilana Schmueli, von der diese verzweifelten Zeilen an Paul Celan stammen, muß gespürt haben, daß ihr Warten auf die Post des geliebten Freundes ein dunkles Ende nehmen würde: Am 12. April 1970 schrieb Celan ihr seinen letzten Brief. »Sei nicht unruhig, wenn jetzt eine Zeitlang – acht oder zehn Tage – keine Post von mir kommt: ab morgen ist ein Poststreik angekündigt«, stand darin. Am 19. April nahm Paul Celan sich das Leben.

Es ist kein Zufall, daß der Dichter die Unzuverlässigkeit der Post in sein letztes Kalkül einbezieht, die bangende Freundin in Israel zu beruhigen: die Zeit, in der ein Brief unterwegs war, war schon immer die Brutstätte schlimmer Ängste. »Billette, die so spät kommen sind immer Todesboten«, schrieb Charlotte von Kalb an den säumigen Korrespondenten Jean Paul. Im Postverkehr war stets auch der Wahn zu Haus. Besonders die Unzuverlässigkeit der Überbringer gab einst Anlaß zu Ängsten und Klagen; davon lebt auch das Schauspiel – und zwar Komödie und Tragödie gleichermaßen. *Romeo und Julia* ist so ein Drama der verpaßten Botschaften: Keine Nachricht kommt hier zur rechten Zeit. Für die Liebenden, die auf Kunde warten, sind unter dem Druck der Sehnsucht »in einer Minute viele Tage« vergangen. Doch die säumigen Boten zwischen Romeo und Julia verzögern den Nachrichtenverkehr, den zu befördern sie eigens angetreten sind, um diese Ungleichzeitigkeit zuletzt im Tod zu versiegeln. Briefe, die zu spät kommen, sind immer Todesboten – wenigstens der Erwartung, die unterdessen andere Wege gegangen ist.

Die Rationalisierung der Welt verdanke sich nicht zuletzt der Kanalisierung der »postalischen Paranoia in Telephonanlagen, Telegraphenleitungen, Hörfunkapparaten und Fernsehmaschinen«, schreibt Manfred Schneider in seiner Studie *Liebe und Betrug*, der wir einige der oben genannten Beispiele säumiger Korrespondenz entnehmen. Das Buch erschien vor dem Siegeszug der globalen Internet-Kommunikation. Doch immer noch gilt, daß »die Phantome, Gespenster, Vampire und Elementargeister vergangener Zeiten« sich in den technischen Neuerungen verstecken – und niemand weiß, in welchen Kanälen sie auf uns warten.

Time is money

Um das Warten handelt es sich, wenn immer im
Überfluß Zeit ist und es dennoch der Zeit an
Zeit fehlt. Dieser Zeitmangel im Überfluß ist
der Dauerzustand des Wartens.

(Maurice Blanchot)

Man kann die Moderne − sofern sie als Geschichte der
Mobilität begriffen wird − auch als einen Prozess der Verkürzung von Wartezeiten beschreiben; die Technik arbeitet an der Eliminierung der Zwischenzeiten und -räume.
Doch erst um 1800 setzte diese Entwicklung jene Prozesse
frei, durch die das Phänomen »Geschwindigkeit« eigens
hergestellt wird. Seit der industriellen Revolution wird
das Leben in irdischen Fristen skandiert. Die Manie, die
Stunden des Tags als Budget anzusehen, ist das Produkt
einer globalen Beschleunigungs-Ökonomie, deren nur
scheinbar private Variante der prall gefüllte Terminkalen-
der darstellt. Keine Lücke darf ihm als Makel anhaften.
Wenn die Zeit selbst nur noch als Verzögerungsfaktor
empfunden wird, stehen wir unter dem Diktat jenes Ver-
wertungszwangs, der bündig in der Devise »time is money«
aufgeht. Dieses Prinzip beruht, wie man weiß, auf der
Paradoxie, daß mit jeder Zeitersparnis der Mangel an Zeit
nur noch wächst.

Was die Beschleunigungsepoche an objektiver Zeitein-
sparung mit sich gebracht hat, stellt sich im Takt der Tech-
nologien und Kommunikationsformen als unproduktive
Verschwendung von Ressourcen dar. Die Distanzen sind
kleiner, die Räume enger geworden, und die Maßeinhei-
ten der Zeit bekommen immer feinere Unterteilungen.
Zugleich wächst in den Zentren der mobilen Gesellschaft
die Schlange der Wartenden. Ob im Vorzimmer einer Be-

hörde oder am Ende der Leitung – die Grunderfahrung ist das Gefühl der Zeitverschwendung. Tote Ewigkeiten auf Bahnhöfen, Flughäfen, in den Schalterhallen des Lebens: »Bitte warten« ist das Mantra einer Beschwichtigungs-rhetorik, die mit der Dauer-Einspielung eines syntheti-schen Ohrwurms die Geduld zur Kardinaltugend unserer Dienstleistungsgesellschaft erhoben hat.

Martin Heidegger hat das Warten auf einem Bahnhof im Wintersemester 1929/30 zum Ausgangspunkt seiner Überlegungen über ein »zeitantreibendes Wegtreiben der Langeweile« gemacht. Die Szenerie – ein »geschmackloser Bahnhof einer verlorenen Kleinbahn« – bietet so wenig Anreiz zum Zeitvertreib wie die reizlose Landschaft. Der nächste Zug kommt erst in vier Stunden. Lesen kommt nicht in Frage, »ein Problem durchdenken« ebenfalls nicht. Auch das Studieren der Fahrpläne hilft nicht weiter. Also hinaus auf die Straße. »Nun zählen wir die Bäume auf der Landstraße, sehen wieder auf die Uhr – gerade fünf Minuten seit wir sie befragten.« Das ist die Erfahrung, die Alfred Polgar an einem quälend langweiligen Theaterabend in den schönen Satz faßte: »Als ich um halb elf auf die Uhr blickte, war es erst halb zehn.« So ginge es weiter, immer im Kreis, und der Zug, so Heideggers metaphysische Konsequenz, käme nie, wenn wir nicht auf eine richtige Weise zu warten gelernt hätten, nämlich in der Form eines zugleich *sein lassenden* und *denkenden Wartens.* Denn nur wer sich in das Warten, was nach Heidegger meint: in das Dasein selber vertieft, ohne zu resignieren, darf damit rechnen, daß der Zug, wenn er dann irgendwann kommt, auch wirklich hält.

Im nicht metaphysischen Sinn aber hat das Warten am Bahnsteig stets einen Fahrplan, an dem sich die minutengenau festgelegte Ungeduld mißt. Die Lautsprecheransage skandiert den Rhythmus der Ärgernisse, der mit der ersten Verspätung seinen Anfang nimmt: auf den zu späten Zug folgt der versäumte Anschluß, auf das verpaßte Treffen die verpatzte Chance. Unser gesamtes *Timing* hängt ja weitgehend von der Pünktlichkeit der Verkehrsmittel ab, der zuverlässigen Koordination des Transports. So akkumuliert sich gerade hier, wo alles darauf angelegt ist, die Wartezeit zu eliminieren, die immer anders verplante Zeit. Das Knakken in der Lautsprecheranlage verheißt schon, was nun alle Wartenden zu einer Zorngemeinschaft vereint: »Der Zug wird voraussichtlich eine halbe Stunde später eintreffen«. Was dafür jeweils die Gründe sein mögen – »spielende Kinder am Bahndamm« – erweckt sogleich den kollektiven Hohn. Plötzlich agieren alle auf eine ähnliche Weise. Nichts hält uns jetzt mehr an dem Platz, an dem wir bisher fügsam standen. Der Marschbefehl zum unruhigen Auf und Ab wird von der Stechuhr der allgemeinen Ungeduld diktiert. Unweigerlich verfällt jeder zweite in ein Aufstöhnen oder Kopfschütteln, in demonstratives, hufescharrendes Hin und Her. All das Augenheften auf Anzeigetafeln und Zifferblätter war ja bloß verschwendete Energie! Und nirgendwo ist der Zorn konformer als hier: Wir sind betrogen worden, irregeleitet, Narren unsrer eignen Erwartungsblödigkeit! Das Schimpfen auf »die Unpünktlichkeit der Bahn« gilt ohnehin immer als legitim. Vielleicht rührt ja die vom protestantischen Ethos befeuerte Intoleranz gegenüber der Unpünktlichkeit von den Fahrplänen her, die die überzogene Zeit erstmals kollektiv erfahrbar machten.

Dabei sind Fahrpläne erst zweihundert Jahre alt. In den Anfängen des europäischen Reiseverkehrs war allenfalls der Ankunfts- und Abfahrtstag der Kutschen vermerkt. Und noch bis weit ins 19. Jahrhundert hinein besaßen die Fahrpläne eine so vage Gültigkeit, daß Ludwig Börne eine satirische »Stillstandslehre des Postwagens« verfaßte und die »quiesziehrende« Bedächtigkeit der Deutschen, »die nichts Gewagtes unternehmen«, auf eine singulär deutsche, nämlich selbstdenunzierende Weise verhöhnte. In der Tat: Während die Franzosen schon immer in allem viel schneller waren, wurden im Deutschen Reich nicht vor 1893 die Uhren auf mitteleuropäische Zeit umgestellt und der Fahrplan der Reisekutschen der neuen Zeitrechnung angepaßt. Die Eisenbahn aber war das Initialereignis, in dem das Phänomen der Beschleunigung selber erfahrbar wurde. »Durch die Eisenbahnen wird der Raum getötet und es bleibt uns nur noch die Zeit«, schrieb Heinrich Heine im Jahr 1843, »mir ist, als kämen die Berge und Wälder aller Länder auf Paris angerückt. Ich rieche schon den Duft der deutschen Linden; vor meiner Tür brandet die Nordsee.« Da war die Eisenbahn gerade achtzehn Jahre alt. Seitdem ist der Raum immer kleiner geworden, und die See brandet allerorten. Die Flughäfen bedienen die Sehnsucht des Menschen nach überallhin so gründlich, daß auch das Fernweh ein Anachronismus geworden ist. Es stammt aus der Zeit der Bildungsromane, einer Zeit, als das Reisen noch Reifen hieß, und wer fortging, als ein anderer wiederkam.

IV

Erwartungshorizonte

Intermezzo

Immer nach Hause
Schon bevor wir da sind, haben wir respektable Strecken zurück-
gelegt, darum bleibt alle Sehnsucht ans Wasser gebunden. Rhyth-
mus, Geräusch, Herzschlag der Wellen geben uns jenen Körper
zurück, der uns als erster durch einen Raum trug. Woher wir
kommen, wohin wir gehen, die Portal-Fragen unseres Daseins
werden auf Reisen stets neu gestellt. Der Topos der Lebensreise ist
ja nicht schon deshalb banal, weil er die Menschheit begleitet, seit
Odysseus sich aufs Wasser begab. Aufzubrechen, auf eine Reise
zu gehen, an fremden Gestaden zu landen, ist allen touristischen
Ernüchterungen zum Trotz eine nicht auszurottende Sehnsucht;
sie stammt aus dem Paradies, sie soll wieder dorthin zurückführen.
Reisen ist immer ein Sprung durch die Zeit, und stets sind wir
auch auf den Spuren der frühen Angst unterwegs, die nicht nur das
Fortgehen, sondern auch noch das Wiederkommen mit einer Ge-
fahr liiert: bei der Rückkehr nicht mehr erkannt zu werden (das
Modell des Odysseus). Doch paktiert jeder große Aufbruch immer
auch mit der Vorstellung des Triumphs: erst durch das Weggehen
in seinem wahren Werte erkannt zu werden (das Modell des
verlorenen Sohnes). Darum gehört es zur Reise, daß jemand war-
tet und unser Fortgewesensein bei der Heimkehr quittiert.

Man muß aus der Luft kommen oder vom Wasser, um *neuen Boden* das erstemal zu betreten. Das Gefühl, die Erde für eine Spanne des Übergangs buchstäblich unter den Füßen verloren zu haben, auf schwankendem Grund, durch ein flüssiges Element vom Ort des Herkommens abgelöst worden zu sein – dieser Vorgang erst macht uns bereit für die Ankunft an einem neuen Ort. Der Austausch der Elemente verschafft uns den magischen Augenblick, der jeder Ankunft vorauseilt: Die Skyline von New York beispielsweise, die emphatische Szenerie, wie sie uns aus tausend Filmen bekannt ist und nur einmal zum ersten Mal (dann aber immer wieder aufs neue) als ungeheures Versprechen entgegentritt, ist ohne die lange Anreise durch die Dunkelheit nicht zu denken. Und vielleicht ist New York, dieser von der Freiheitsstatue bewachte Durchgangsort in die »Neue Welt«, ja vor allem dies: die Agglomeration unzähliger Ankünfte, zu Wasser und aus der Luft, die die im Wortsinne ungeheure Erwartung weckt, noch einmal von vorne beginnen zu können.

Manche Leute dagegen sparen sich ihre Sehnsuchtsorte so lange wie möglich auf. Elias Canetti zum Beispiel betrieb einen Kult mit den Städten, die er dereinst würde aufsuchen wollen; je heiliger ihm eine Stadt war, desto länger schob er ihren Besuch hinaus. Dabei ist die Vorstellung jener Plätze, von denen wir glauben, daß sie uns entsprächen, so präzise wie ungenau: wie der Appetit, der uns das Wasser im Munde zusammenlaufen läßt, besteht die Erwartung aus Gedächtnis und Halluzination. Immer reisen wir in zwei Welten, der sinnlichen und der imaginären, und wenn der Körper am Reiseziel ankommt, ruft ihm der Kopf schon von ferne zu: Ick bün all hier! Magie der

Fremde? Wir wissen ja, daß, wohin wir auch aufbrechen, nicht nur die andern schon waren. »Es ist alles, wie ich mir's dachte«, jubelte Goethe beim Eintritt in seine Sehnsuchtsstadt Rom. Daß unsere Vorstellung die Wahrnehmung alles Fremden mit Eigenem infiziert, hat uns die Ethnologie zu Genüge gelehrt, und alles Schwärmen von einsamen Inseln, wettergegerbten Fischern und exotischen Stränden wurde von Reiseführern diktiert. Doch auch umgekehrt gilt: nur was mit einem Teil unserer Erwartung paktiert, wird als Fremdes bemerkt. Insofern sind wir wie jene Eingeborenen, die ihre Regenrituale erst dann beginnen, wenn Wolken am Himmel aufziehen.

Der Jetsetter, dem der Globus zu einer Ansammlung von Streckennetzen und Flughafenlounges zusammenschnurrt, ist heute freilich der Prototyp unter den Reisenden; der Weg von A nach B gilt ihm bloß als blödes Dazwischen. In *Die Antiquiertheit des Menschen* beschreibt Günter Anders »den Geschäftsreisenden aus New York« schon Mitte des letzten Jahrhunderts als den prototypischen Beschwerdeführer über den Anachronismus der Welt:

»›What a shame‹, hörte ich über dem Eismeer einen Geschäftsreisenden aus New York stöhnen, ›was hier alles zwischen Schottland und Kanada herumliegt. Und dabei ist es nichts! Aber ausgedehnt muß es sein! Dazwischenliegen muß es! [...] Und diese Zeit! [...] Ebenfalls nichts. Aber dauern muß sie. Zwischen Abflug und Ankunft! Gerade gut genug für Warten und Dösen. Wozu das gut sein soll!‹«

Mobilität heißt das Zauberwort, das im Namen der Arbeitnehmer-Flexibilität auch das Fernweh der Ökonomie unterworfen hat. Der Reisende aber, der das Unterwegssein als lästige Wartezeit diskreditiert, negiert das Begehren, das jeder Reise heimlich zugrunde liegt: als ein anderer wiederzukommen. Denn das Reisen ist immer noch eine der wenigen Daseinsformen, in welcher der Weg selbst als Ziel zu erfahren ist; und ohne die Mühen des Wegs wird auch die Ankunft meist nichtig und schal. Der Eros ist transitorisch, er entflammt im Ortlosen, in der bewegten Interferenz zwischen Abfahrt und Ziel.

Darum werden mit jeder größeren Reise Reste des kindlichen Fieberns wiederbelebt, das uns die ersten Ausbrüche aus dem Alltag bescherte. Reisen sind Pausen in der Zeit; und obschon wir gewohnt sind, alles schon einmal erlebt und gesehen zu haben, zittern solche Kindheitsmomente, in denen die Welt sich vor uns wieder öffnet, in jedem Aufbruch noch nach. Wer sich nicht anstecken läßt vom Möglichkeitssinn einer Reise, bringt sich um jene Abenteuer des Umwegs, die in der Kindheit hinter allen Ecken verborgen lagen. Und auch eine spezifische Form von Begriffsstutzigkeit, die dem Warten innewohnt, gehört zum Reisen dazu. Man muß sich verlaufen können, um auf Unbekanntes zu stoßen. Die meisten von uns aber sind schon zu jenen reisenden Sesselhockern mutiert, denen das Reisebüro einen Blanko-Schein gibt, auf dem Länder und Städte einander gleichen wie die eine Hilton-Suite einer anderen.

Die Erfahrung, daß all unsere Wege immer auch Umwege sind, läßt sich vermutlich am besten an Orten machen, in denen die meisten Gassen an einer Mauer enden, an einem Kanal ohne Brücke, wie in Venedig oder in Lissabon. Und wie würden wir unser Leben aushalten ohne diese schöne Übung auf Reisen. Ihr verdanken wir manchmal die Einsicht, daß wir nur so, auf ziellose Weise, dort ankommen, wo wir gern hinwollten, meistens ohne es schon zu wissen: Diesen Platz, jene Fassade, diesen verzaubernden Ausblick hätten wir niemals gefunden, wenn wir uns nicht verirrt hätten. Und endlich ist dann das weglose Streunen selber das Ziel. Es folgt einer Anziehung, die hinter der dritten Ecke lauert – dem Geräusch von Stimmen, dem Lärmen spielender Kinder, dem bronzenen Glockenklang einer gestundeten Zeit. Nur wer bereit ist, sich im Hoheitsgebiet des Labyrinths zu verlieren, ist auf der Via Regia jenes Traums unterwegs, den ein Ort von sich selber träumt, auf den Songlines, auf denen die Karawane der Generationen durch diese Gebiete gezogen sind.

Entwicklungsbäder
Meine erste Kamera war ein rechteckiger Kasten, den man sich vor
die Brust halten mußte, um den Ausschnitt, der fotografiert wer-
den sollte, im Innern des Apparats widergespiegelt zu finden; auf
seinen Fotografien erschienen mitunter seltsame Geister. Das ist
lange her, und noch immer weiß ich nicht, weshalb der Kasten die
Realität meistens als Palimpsest wiedergab. Schnell ist dieses al-
tertümliche Ding technisch ausgereifteren Modellen gewichen und
mit ihm die doppelt belichtete Wirklichkeit. Doch der Moment,
daß man nicht genau planen konnte, was auf dem entwickelten
Bild schließlich zu sehen sein würde, ist erst mit den digitalen
Kameras ganz verschwunden.

Was passiert, wenn die Spanne, in der das Negativ der Realität
in der Dunkelkammer zu einem Bild sich entwickelt, völlig ver-
schwindet? Wenn das Unerwartete, das im Entwicklungsbad un-
seres Bewußtseins schläft, wie die Geistererscheinungen auf alten
Fotografien, erst gar nicht mehr in Erscheinung tritt? Die Über-
raschung, daß etwas sichtbar wird, von dem wir nichts wußten –
ein ertappter Gesichtsausdruck, eine zum Standbild gefrorene
unwillkürliche Regung, eine schiefe Konstellation –, hat keine
Chance mehr gegen das schöne Arrangement. Das Nichtkalku-
lierbare droht immer mehr zu verschwinden – und damit ein
Stückchen Ungewißheit schlechthin. Doch je heftiger wir am Aus-
schluß des Zufalls arbeiten, desto größer wird das Volk der Geister,
die wir nicht sehen.

Ferien auf dem Bauernhof

> Wer könnte leugnen, daß sich die Abkürzer und
> Drängler zum Fertigwerden in den letzten zwei-
> tausend Jahren als effektivste psychopolitische
> *pressure group* zu organisieren wußten?
>
> (Peter Sloterdijk)

Das Christentum hat dem Warten einen festen Platz im
Kalenderjahr eingeräumt, vier Wochen vor Weihnachten
sind der Ankunft von Jesus Christus geweiht, dessen Wie-
derkehr hier auf Erden einen Warteraum öffnet, der je nach
Evangelium und Glaubensbekenntnis verschieden aussieht.
Nur soviel ist klar: Das bessere Leben erwartet uns nach
dem Tode, und das irdische Jammertal wird – je nach Be-
tragen – im Jenseits belohnt. Hienieden fällt in die Zeit des
Advents meist der erste Schnee, die Erfahrung, daß die
Welt vorübergehend in einen weißen Schlaf versinkt.
Plötzlich wird alles still, der Tag fällt in einen Traum, und
wir sind das Personal, das ihn betreten kann. Daß das Warten einmal jahreszeitlich bedingt war, gebunden an die
Wachstums- und Erntezyklen und lediglich von den Fest-
und Heiligentagen des Kirchenjahres skandiert, gehört für
die meisten von uns nur noch einer blassen Erinnerung an.
Gewächshäuser und Globalisierung sorgen dafür, daß nicht
nur den landwirtschaftlichen Produkten, sondern auch den
Jahreszeiten jenes spezielle Aroma abhanden kommt, das
einmal einen bestimmten Geschmack an einen Monat
band. Spekulatius gibt es jetzt im August. Es ist die Erfahrung des Fortschritts, daß jeder Gewinn einen Verlust produziert und der Sommerduft, der über den Landschaften
hängt, nicht mehr – wie die Erinnerung durch Prousts
Madeleine – auf dem Weg über die Zunge in unser Gedächtnis kommt. Das ist der Preis für die Erdbeerschwem-

me von Mai bis Dezember, die nach gar nichts mehr riecht und an nichts erinnert. Warten, bis etwas reif wird, ist mittlerweile in vielen Lebensbereichen anachronistisch geworden – und das in den meisten Fällen zu unsrer Bequemlichkeit. Dabei hätte auch die Notwendigkeit, sich in etwas zu schicken, mitunter eine recht komfortable Seite. Wir wären einmal nicht verantwortlich für den beschleunigten Gang der Dinge.

Gleichwohl gehorcht das ländliche Warten immer noch einer anderen Ordnung als das städtische Zeitmanagement: dem Wetter, den Temperaturen. Das Korn auf dem Feld läßt sich nicht drängen, die Äpfel sind nur begrenzt in ihrem Reifevorgang zu manipulieren. Und wenn auch die Massentierhaltung unser liebes Federvieh zum Eierlegen rund um die Uhr verdammt, künstliches Licht den Tagesablauf auf ein Rekordminimum verkürzt und die globale Erwärmung uns bald den Winter als Sommer vorführt, so unterliegt doch die Landwirtschaft immer noch jahreszeitlichen Zyklen. Was freilich nichts daran ändert, daß die nostalgischen »Ferien auf dem Bauernhof« uns Stadtkindern auch nur den Rhythmus des landwirtschaftlichen Maschinenparks zur Erholung anbieten können, der nicht langsamer ist als das Durchschnittstempo auf der Stadtautobahn – zumindest zu Hauptverkehrszeiten.

Es ist das Signum der Moderne, alle Entwicklungskontinua aufzusprengen und den Zeitfluß zu zerreißen. Wir leben in einem *On-and-Off*-Modus, der die wesentlichen Elemente einer natürlichen Rhythmisierung weitgehend eliminiert hat. Wiederholung und Variation, Dehnung und Plötzlichkeit, kurz: jene Intervalle, die dem Leben eine Melodie geben, sind maßgeblich zu Störfaktoren mutiert. Während die Großstadt die Bewegung in Diskontinuitäten zerfranste, hat das Informationszeitalter eine Wahrnehmungsform durchgesetzt, für die es kein Werden mehr gibt. Merkwürdig bleibt, daß wir dieses nach wie vor heftig spüren. Denn auch wenn wir unser Sensorium dem Tempo des Überfalls inzwischen weitgehend angepaßt haben, bleibt doch die Langsamkeit der Gefühle. Sie sind, wie der große Chronist der Empfindungsgeschwindigkeiten, Alexander Kluge, in seinen Werken betont, die »Partisanen«, die den reibungslosen Ablauf der Institutionen und Maschinerien immer noch maßgeblich durcheinanderbringen, das uralte Inventar, an dem wir uns orientieren.

Dabei protokollierte schon die Geburtsurkunde der neuen Medien die Stunde der falschen Empfindung. »Jetzt ist nur noch eine Art von Ernst in der modernen Seele übriggeblieben. Er gilt den Nachrichten, welche die Zeitung oder der Telegraph bringt. Den Augenblick benutzen und, um von ihm Nutzen zu haben, ihn so schnell wie möglich beurtheilen«, sei die einzig verbliebene Leistung der Aufmerksamkeit, meinte Friedrich Nietzsche in seinen *Unzeitgemässen Betrachtungen*. Für Walter Benjamin stellten »der Feuilletonist, Reporter, Bildberichterstatter eine Klimax dar, in der das Warten, das ›parat sein‹ mit anschließendem ›losschießen‹ gegenüber der sonstigen Leistung immer wichtiger wird«. Wo das Warten in das Stadium der notorischen Alarmbereitschaft tritt, wird der Austausch durch die Information und diese von der Sensation ersetzt. So sorgen »Neuigkeit, Kürze, Verständlichkeit und vor allem Zusammenhanglosigkeit der einzelnen Nachrichten untereinander für die Abdichtung der Information gegen die Erfahrung«.

Noch im Jahr 1896 hatte Henri Bergson in *Matière et Mémoire* ausgeführt, daß jede Wahrnehmung die Vergangenheit in die Gegenwart fortsetzt, also Dauer verlangt. Wahrnehmung findet in einer gewissen Wartezeit statt. Mit den Massenmedien aber hat sich unser Sensorium jener Fluktuation punktueller Sensationen angepaßt, in der die Wichtigkeiten von Nichtigkeiten oft nicht mehr zu unterscheiden sind. Im ironischen Duktus von Luhmanns »Soziologischer Aufklärung« gesprochen, tritt uns die Welt nun nur noch als Negation entgegen:

»Wir haben es nie mit der Welt im ganzen zu tun, sondern mit Nachrichten. Die Welt selbst wird in den Nachrichten nur als Kontingenz aktuell, und zwar als eine dreifache Negation: als Bewußtsein, daß die übermittelten Ereignisse gar nicht hätten passieren müssen; und als Bewußtsein, daß sie gar nicht hätten mitgeteilt werden müssen; und als Bewußtsein, daß man gar nicht hinhören braucht und es gelegentlich, zum Beispiel in den Ferien, auch nicht tut.«

Seit dem Siegeszug des Internet ist es vermutlich etwas schwerer geworden, in den Ferien einfach nicht hinzuschauen. Doch nach wie vor gilt, daß das Selektionsprinzip der Sensation die »Abdichtung gegen jede Erfahrung«, von der schon Benjamin spricht, garantiert. Der Soziologe Hartmut Rosa hat dafür den schönen Begriff der »rutschenden Abhänge« ausgegeben. Es handelt sich dabei um eine Gesellschaftsstruktur, in der »der Zwang zur Beschleunigung [...] Subjekte, Organisationen und Regierungen zur einer reaktiven Situativität anstelle einer gestaltenden Führung individuellen und kollektiven Lebens« nötigt. Dies erzeugt eine Lage, in der die Kontinuität von Vergangenheit, Gegenwart und Zukunft in einer Weise zerreißt, die das Leben »in einen statischen Raum des fatalistischen Stillstands transformiert, in dem sich hinter dem raschen Wechsel der Episoden die Wiederkehr des Immergleichen« verbirgt. »In diesem Raum wird *Gestaltung* buchstäblich *sinnlos.*« Denn der Eigensinn der Lebensführung setzt voraus, daß wir unsere Erfahrungen nutzen können und unsere Handlungsbedingungen zumindest so

dauerhaft sind, daß sich Veränderungsprozesse noch verstehen und halbwegs kontrollieren lassen. Wenn die Optionen totalitär werden und eine Möglichkeit die andere
auslöscht, löst sich die Realität schließlich ganz in Erwar-
tungen auf, für deren Erfüllung es immer zu früh und zu
spät ist. Doch mit der Aufrüstung der Motoren hat der
Mensch auch die Bremsbeläge verstärkt. So schleusen
wir trotz der permanenten Steigerung des Lebenstempos
unsere Langsamkeiten andernorts wieder ein.

Wir kommen spät und gehen zu früh, wir müssen, als Wesen der Frist, die man Lebenszeit nennt, immer beides sein: Eilende und Zögernde gleichermaßen, schreibt Odo Marquard in seinem Essay *Zeit und Endlichkeit*. Darum gäbe es auf den Schnellstraßen der exzessiven Beschleunigungen die Blockaden unserer unausrottbaren Langsamkeit:

»Ein sinnenfälliges Beispiel, wie man das – dieses Mitnehmen der eigenen Langsamkeit ins Schnelle – macht, liefern uns die ganz jungen Kinder. Sie – für die die Wirklichkeit unermeßlich neu und fremd ist – tragen ihre eiserne Ration an Vertrautem ständig bei sich und überall mit sich herum: ihren Teddybären. Kinder kompensieren ihr Vertrautheitsdefizit durch Dauerpräsenz des Vertrauten: durch – wie Freud das nannte – ein ›Übergangsobjekt‹, ein *transitional object*, beispielsweise durch ihren Teddybären. In der wandlungsbeschleunigten und eben dadurch stets aufs neue unvertrauten und fremd werdenden modernen Welt brauchen und haben auch die Erwachsenen – etwa die Bildungsbeflissenen unter ihnen – ihre Teddybären, z. B. indem sie Klassiker mit sich führen: die, bei denen man immer schon zu wissen glaubt, woran man mit ihnen ist; und so kommt man dann etwa: mit Goethe durchs Jahr; mit Beethoven durch Bonn; mit Habermas durchs Studium; mit Reich-Ranicki durch die Gegenwartsliteratur; und so fort.«

Was Marquard »das temporale Doppelleben« nennt, zieht sich durch unsere Kultur wie durch unseren Alltag. Zwar arbeitet die Beschleunigung erfolgreich an der methodischen Neutralisierung der menschlichen Langsamkeiten, vor allem jener der Traditionswelten. Doch nie zuvor hat die Pflege der Bestände, der Ansturm auf die Museen, die

Gedenktagsmanie einen breiteren Raum eingenommen als heute. »Das Zeitalter der Entsorgungsdeponien ist zugleich die Epoche der Verehrungsdeponien«, der Naturschutzgebiete, Kulturschutzmaßnahmen, der Ökologie und der Denkmalpflege.

Vom Temperament her eher heiter-skeptisch gestimmt, gehört Odo Marquard nicht zu den »Jammerathleten vom Dienst«, die den Sauseschritt der Verfallszeiten mit wachsender »Empörungsgeschwindigkeit« flankieren. Unser Leben ist nun einmal kurz und unsere »Herkunftshaut« zäh, wir sind fix und lahm, betulich und zukunftsgierig, und die Zerreißprobe zwischen dem wachsenden *speed* und der »Altbausanierung im Reiche des Geistes« müssen wir »aushalten« – und zwar mit Anstand und Ironie. Hier spricht der Igel, der die Haken- und Schaumschläger Mores lehrt. Denn je schneller das Neueste zum Alten wird, desto schneller kann Altes wieder zum Neuesten werden – »jeder weiß das, der nur ein wenig länger schon lebt«. Deshalb darf, auch wer erst ein wenig kürzer lebt, »sich beim modernen Dauerlauf der Geschichte – je schneller sein Tempo wird – zugleich unaufgeregt überholen lassen und warten, bis der Weltlauf – von hinten überrundend – wieder bei einem vorbeikommt«. Wir sind immer beides, Hase und Igel, und »dieses temporale Doppelleben schützt uns – als eine Art Gewaltenteilung der Zeit – davor, nur – zukunftshungrig – schnell oder nur – herkunftsdominiert – langsam zu leben«. Andernfalls lebten wir unser Leben nur halb. Und dafür ist es zu kurz.

V

Zögernde Stunde, Saumseligkeit

Atemzüge eines Sommertags

In dem selbsternannten »Gernwarter« Peter Handke hat
die Feier der Langsamkeit in der schnellen Welt ihren feier-
lichsten Apologeten gefunden. Bei Handke haben Inspiration und Nichtstun eine gemeinsame Schnittmenge, in der
das Warten in einen anderen Zustand zu kippen vermag, in
jene gelungene »Zwischenzeit«, die der österreichische
Schriftsteller in seinem *Versuch über die Müdigkeit* als Stunde
der wahren Empfindung preist. Die »Inspiration der Müdigkeit« sage uns weniger, was zu tun ist, als was gelassen
werden kann. Und er entwirft einen leuchtenden Augenblick auf einer Bank im Central Park, in welchem dem
Erzähler nach einem transatlantischen Nachtflug die Welt
in einer Epiphanie gelösten Wartens aufging: »Ich tat, weit
bis in den Abend hinein, nichts mehr als sitzen und schau-
en; es war als bräuchte ich dabei auch nicht einmal Atem zu
holen.« Im »Licht der Müdigkeit« fügt sich dem Wartenden
der Wirrwarr der Welt wie von selbst »zur Wohltat der
Form«. Man nennt das auch mystische Schau. Sie verlangt
jene ganz in sich selber ruhende Geistesverfassung, die alles
aufnimmt und nichts sortiert und die in einer zwecklosen
Weltsekunde das All berührt, wie sie ein anderer Öster-
reicher, Robert Musil, in seinem Roman *Der Mann ohne
Eigenschaften* beschreibt.

»Atemzüge eines Sommertags« heißen die (nachgelas-
senen) Kapitel, in denen die mystische Vereinigung der

Geschwister Ulrich und Agathe in einem schwebenden Schleier glanzlosen Blütenschnees sich vollzieht. »Die Zeit stand still, ein Jahrtausend wog so leicht wie ein Öffnen und Schließen des Auges...«; und die beiden meditieren über eine Vision *temporalen Doppellebens*, das Ulrich in das »appetithafte« und das »vegetabile« scheidet. »Dem appetit-artigen Teil der Gefühle verdankt die Welt alle Werke und alle Schönheit, allen Fortschritt, aber auch alle Unruhe, und zuletzt ihren sinnlosen Kreislauf«, dem vegetabilen »das ahnende, sinnende Denken«, in dem wir am glück-lichsten sind. So gibt es zwei Arten zu handeln: »entweder man heult vor Wut oder Glück oder Begeisterung jedes Mal los wie ein Kind und entledigt sich seines Gefühls in einem kurzen nichtigen Wirbel«. Oder »man hält an sich und gibt der Handlung nicht im mindesten statt, zu der jedes Gefühl hinzieht und treibt. Und in diesem Fall wird das Leben wie ein etwas unheimlicher Traum, worin das Gefühl bis an die Wipfel der Bäume, an die Turmspitzen, an den Scheitel des Himmels steigt...!« Da sind die Ge-schwister angekommen in jenem »Zaubergeist der Untä-tigkeit«, den man auch Kontemplation nennen könnte, in der hohen Mittagsstunde des Pan.

Gähnen

Wie kommt es, daß Gähnen so ansteckend ist? Der Duft von
Kaffee regt unsere Nerven, der von Gebäck den Magensaft an.
Das Gähnen des anderen aber hinterläßt keinen Empfindungs-
druck und zwingt uns dennoch zur Imitation. Es ist, als hätte die
Müdigkeit in uns nur auf ein Signal gewartet, sie aus ihrem
Versteck zu locken. Als hockte der Schlaf sprungbereit in unserem
Körper, öffnet ein anderer mit einem herzhaften Gähnen unseren
eigenen Mund. Und noch während ich das hier schreibe, überfällt
mich wie aus dem Hinterhalt der Zwang, unablässig zu gähnen.

Die Zuflucht am Tage, wo man sich hinter geschlossenen Lidern verkriecht, ist weitgehend aus der Mode gekommen, außer im heißen Süden, wo die Siesta noch immer ein imaginäres erotisches Abenteuer verheißt. In der Mittagshitze, wenn die Zeit steht wie eine undurchdringliche Wand und das Summen der Fliegen selber ins Dösen verfällt, kommt die mit Macht aufs Lager drückende Schläfrigkeit. Alles ist still hinter dem Geräuschvorhang des anschwellenden Zikadengesangs, als bewachten die Grillen die Stille mit ihrem Geschrei. Unweigerlich phantasiert man dazu ein eher ärmlich ausgestattetes Zimmer, von den Lamellen der Läden gefiltertes Sonnenlicht, ein eisernes Bett, zerwühlte Laken, vor dem Fenster das Solo eines Mopedknatterns und hundert Jahre Einsamkeit. Gäbe es eine Himmelsrichtung des schläfrigen Wartens, sie wäre südlich.

Als Kind war uns die ehrwürdige Institution des Mittagsschlafs meist verhaßt. Und auch der Schlaf der Eltern am Tage hatte etwas Bedrohliches. Er verhängte die bleierne Zeit bei herrlichstem Sonnenschein. Wie eine Lähmung lag das Stillegebot in den Räumen, machte das Warten zu einer steinernen Reglosigkeit. In der Erzählung *Die Widmung*, in der Botho Strauß den elenden Zustand nach einer Trennung durch alle Stufen des emotionalen Verfalls hindurchpeitscht, erinnert sich der traurige Held an die Mittagsruhe des Vaters, die in dem Knaben einst eine wütende, »gegen Gott aufgebrachte Angst« hochkochen ließ, sobald er die Tür zum Eßzimmer öffnete und den Vater heimlich beim Mittagsschlaf beobachtete. »Er schlief immer aufrecht sitzend in seinem Sessel. Eine halbe Stunde später jedoch trat der Vater zu ihm ins Zimmer und trank

dort seinen Kaffee. So feierte er jeden Nachmittag die Auferstehung des Toten.« Ein Hauch von dieser lautlosen Ka-
tastrophe liegt über jeder Mittagsruhe, dem Schlaf mitten
am Tag.

Die Pausen im Tagesgeschehen sind nunmehr in den
Fitneßstudios und Wellness-Oasen zu Hause, wo das »Aus-
spannen« im Wohlfühlpaket der Regenerierung der Ar-
beitskraft dient. Während die protestantische Ethik den
Müßiggang noch als Kardinalsünde geißelte, hat der Ka-
pitalismus die Freizeit inzwischen als seine genuine Quelle
entdeckt. Doch erst wo der Müßiggang in jenen Zustand
kippt, den die Alten Muße nannten, ist die Auszeit nicht
nur eine Atempause im Arbeitsprozeß – und ihm somit
zugehörig –, sondern freie Zeit, der Reingewinn unserer
Existenz.

Wie ließe sich solche Muße am besten beschreiben?
Vielleicht als ein Augenblick der Erinnerung. Denn Muße
ist kein Tun und auch kein Lassen, müßig kann man nur
sein. Gedehnte Zeit, vages Versinken, Schlafen mit offenen
Augen – die Muße ist jedenfalls dichter am Glück als die
Geschäftigkeit. Sie schifft uns auf dem Fluß einer anderen
Zeitlichkeit ein, in der die Stechuhr der taghellen Ökonomie nicht gilt. Die anderen da im Sauseschritt, sie gehen
uns vorübergehend nichts an. Es gab dafür einmal ein
schönes Wort: Saumseligkeit. Saumseligkeit ist ein Zustand, der aus einer Epoche stammt, als die Zeit noch
Ränder hatte und die Zwischenräume nicht ganz an
Zwecke und Ziele vergeben waren. Kinder sind saumselig;
kein Ding, kein Parteitag, kein Zug kann es sein. Auch
wenn das Grimmsche Wörterbuch dieses Wort fast nur
in negativer Bedeutung, im Sinne von Pflichtvergessenheit
oder »Faulheit im Amte«, zitiert, bezeichnet es jene seligen
Formen des Zögerns, die es nur im Fürsichsein gibt.
Saumseligkeit ist mit keiner Uhr zu messen, es ist ein Sta-

dium der Selbstvergessenheit, das uns – mit dem Wort selbst – abhanden zu kommen scheint. Angesiedelt am Saum der Zeit, grenzt es an die Gestade des Traums. Luftschlösser bauend auf einem Boot den Fluß hinabtreiben, auf den Wellen schaukeln, den Wolken nachschauen – erst über dem Innehalten sind wir unversehens ans Ende des Wartens gekommen. Denn alles Warten trägt im Kern nicht nur die Angst und den Mangel, sondern auch dieses Glücksmoment seiner eigenen Aufhebung in sich, das Potential, Präsens ohne Bewußtsein zu sein. Das ist das Versprechen des Schlafs.

Vom allnächtlichen Stillhalteabkommen mit der Zeit

In den Lagunen des Traums

> Schlaf, dieser Saum deines Lebens, den du
> selbst nicht besitzt.
> (frei nach Jorge Luis Borges)

Warum ist der erste Satz von Prousts »Recherche« einer der verheißungsvollsten Sätze der Literatur? Wie wunderbar das in den Ohren klingt, auch auf Deutsch: »Lange Zeit bin ich früh schlafen gegangen.« Das Versprechen einer unvergleichlichen imaginären Landschaft liegt in diesen paar schlichten Worten geborgen. Der Akt der Freiwilligkeit, der das frühe Zu-Bett-Gehen einer anderen, höheren Bestimmung zuführt, gleicht einem Opfergang. Prousts Odyssee durch die Zeit positioniert den Erzähler schon mit dem ersten Satz als Steuermann in den Lagunen des Traums; das Bett ist sein Schiff, der Schlaf sein Meer und das Warten sein Segel.

Walter Benjamin hat darauf hingewiesen, daß Prousts »mémoire involontaire« dem Vergessen näher steht als dem, was gemeinhin Erinnerung genannt wird. Prousts »Penelopearbeit des Eingedenkens«, in welcher »Erinnerung der Einschlag und Vergessen der Zettel ist«, sei in Wahrheit ein Gegenstück zum Werk der Penelope, nämlich sein umgekehrt wirkendes Ebenbild. Denn »hier löst der Tag auf, was die Nacht wirkte. An jedem Morgen halten wir, erwacht, meist schwach und lose, nur an den

Fransen den Teppich des gelebten Daseins, wie Vergessen ihn uns gewoben hat, in Händen«. Und jeder Tag trenne mit seinem zweckgebundenen Handeln und zweckverhafteten Erinnern das Geflecht, »die Ornamente des Vergessens« wieder auf. Deshalb hat Proust am Ende die Tage zur Nacht gemacht, um »von den verschlungenen Arabesken sich keine entgehen zu lassen«.

Das ist so wunderschön paradox formuliert, daß man an dem Versuch, es ganz genau zu verstehen, ein bißchen irre werden kann. Penelope aber, die Tag und Nacht auf den heimkehrenden Odysseus hofft, ist das Inbild eines Wartens, das weiblich codiert ist. Es steht im Zeichen der List. Unter dem Vorwand, für den greisen Laertes, Odysseus' Vater, ein Leichentuch weben zu müssen, hält Penelope die sie belagernden Freier mit einem Webstück hin, das sie tagsüber wirkt und des Nachts wieder auftrennt. Diese Hinhaltetechnik währt drei Jahre lang – bis eine Magd sie verrät und der tot geglaubte Gatte zurückgekehrt ist.

Seit der »vielduldende« Odysseus auf die erste Weltreise ging, war das weibliche Warten die längste Zeit an Schiffe gebunden, davon sangen noch Mitte des letzten Jahrhunderts Schlagertexte wie jene von Freddy Quinn. »Junge, komm bald wieder, bald wieder nach Haus«: Freddy, der den verlassenen Frauen zu Hause sein dunkles Timbre lieh, traf den Ton der Epoche. Nicht die Liebchen am Kai, sondern das Heimchen am Herd war damals gefragt. Dieser Hochseematrose der Adenauerzeit war kein Rohling wie Brechts Surabaya-Johnny. Auf Freddy wartete in jedem Hafen nur ein Brief von Muttern:

»Wohin die Seefahrt mich im Leben trieb,/ Ich weiß noch heute, was mir Mutter schrieb./ In jedem Hafen kam ein Brief an Bord,/ Und immer schrieb sie: ›Bleib nicht so lange fort.‹«

»Weiße Rosen aus Athen sagen dir auf Wiedersehen« –

Freddy war nicht alleine auf weitem Meer. Noch bis in die späten sechziger Jahre hinein erzählten viele der populären Lieder davon, daß das Warten einmal ganz den Frauen zugeteilt war, und etwas von diesem weiblichen Kern lebt im Warten immer noch fort. »Historisch gesehen wird der Diskurs der Abwesenheit von der Frau gehalten«, schreibt Roland Barthes in *Fragmente einer Sprache der Liebe*. Es ist die Frau, »die der Abwesenheit Gestalt gibt, ihre Fiktion ausarbeitet, denn sie hat die Zeit dazu; sie webt und singt; die Spinnerinnen, die Webstuhllieder sprechen gleichzeitig die Immobilität (durch das Surren des Spinnrades) und die Abwesenheit aus (die Reiserhythmen in der Ferne, die Meeresdünungen, die Ausritte)«. Nacht für Nacht sitzt Penelope da und schickt das Weberschiffchen auf seine vergebliche Fahrt. Die ihr von Athene, der Göttin der Weisheit und Webkunst verliehene Gabe, »wundervolle Gewande mit klugem Geiste zu wirken«, ist die Kunst des Erzählens selbst.

Penelope ist die Figur, über die das Warten sich zum ersten Mal mit der Erzählung verschwistert, sie produziert mit ihrem Gewebe »den Text, den Odysseus als Erzähler seiner eigenen Geschichte erlebt und berichtet«, wie Manfred Schneider (in Anlehnung an Michel Serres) schreibt. Während Odysseus' Schiff von Stürmen und Zufällen, von Schicksalshieben und Götterlaunen bald hierhin, bald dorthin getrieben wird, bewegt sich das Weberschiffchen Penelopes spiegelbildlich in jenem Hin und Her, mit dem sie die Geschichte ihres Gatten in die Textur des Bahrtuchs einwebt. Penelopes Gabe, die Zeit zu sistieren, ist die Kunst, die das Erzählen unter das Diktat des Aufschubs stellt: das Hin und Her, das Vor und Zurück, das selbst den Tod überlisten kann.

Nach vielen Jahren sehen sie sich zufällig wieder. Er kommt aus New York, hat eine Lesung in der Pariser Buchhandlung *Shakespeare & Company*; sie lebt seit einiger Zeit an der Seine. Neun Jahre zuvor hatten sie sich auf einer Zugfahrt nach Wien getroffen und eine Nacht miteinander verbracht, ein Amerikaner und eine Französin, 23 und 28 Jahre alt. Beim Abschied, bevor die Sonne aufging, tauschten sie keine Adressen, doch das Versprechen, sich wiederzusehen, zu einer genauen Stunde, ein halbes Jahr später, an einem bestimmten Treffpunkt in Wien. So endete Richard Linklaters Film *Before Sunrise*.

Neun Jahre danach dreht der Regisseur die Fortsetzung der Geschichte. Diesmal muß es Abend werden, bis sich die Sehnsucht erfüllt. *Before Sunset* ist ein behutsamer und zugleich heiterer Film, ein modernes Märchen über die ewige Frage: Gibt es irgendwo in einer Nische der Zeit jemanden, der auf uns wartet?

Ein Paar trifft sich wieder. Redet, läuft ein bißchen herum, sitzt im Café, im Auto, im Park, in ihrem Apartment zuletzt. Der Dialog ist nervös, der Firnis der Abgeklärtheit wird brüchig. Zutage kommen: verpaßte Chancen, zwei Lebensläufe, das matte Elend einer relativen Zufriedenheit. Die Frau ist schmaler geworden, ihm hat das Leben eine steile Falte in die Stirn gegraben. Er ist – nicht glücklich – verheiratet; sie hat einen kleinen Sohn und lebt mit wechselnden Männern. Als er sie fragt, ob sie ihren Freund liebt, sagt sie: »Aber natürlich.«

In Wirklichkeit hat sie jenen Mann nicht vergessen, der ihr damals an einem Wiener Morgen vor Sonnenaufgang die erste Vorstellung von der Liebe eingepflanzt hat. Dabei ist es vor allem eine Idee, die sie liebt: die Vorstellung von

diesem einen und einzigen, der für ihr Herz bestimmt ist –
und ihres für seins. Es ist die Einzigartigkeitsgloriole, ohne
welche die Liebe nicht auskommt, bis sie sich erschöpft.

Die beiden reden, Austausch von Floskeln, nur halb ein-
gestanden ist die sofort wieder entflammte Anziehung,
dazwischen aber bricht sich immer aufs neue das Staunen
Bahn, daß man sich doch noch wiedergefunden hat, hier
in Paris, nach neun Jahren Wartezeit. Der uneingeforderte
Augenblick spannt einen Bogen über die Jahre, sie reden
von Aufschub zu Aufschub darum herum, doch in jedem
Satz schwingt das Wissen mit, daß ihr Leben anders verlaufen wäre, wären sie damals zusammengekommen, an
jenem Wintermorgen in Wien. Nun aber ist das gelebte
Leben, das Leben ohne den anderen, sowohl Vergangenheit als auch ein vages Versprechen: Hier, jetzt, fängt die
Geschichte noch einmal an. Bis sein Flugzeug von Paris
zurück nach New York geht, sind es noch achtzig Minuten
Zeit. Sie sagt: »Du verpaßt Dein Flugzeug.« Er sagt: »Ich
weiß.«

Warten ist Übergang, Schwellenzeit, mit bestimmten Entwicklungsperioden verwandt. Die Pubertät, die Schwangerschaft, die Verpuppung bei den Insekten – das sind, von außen gesehen, Stadien des Wartens, aus denen eines Tages ein anderes Geschöpf erwacht. Davon erzählen die Märchen. Schneewittchen, Dornröschen sind Wesen im Wartestand, doch vollzieht sich in ihrem Innern jener dramatische Wandel, der die Latenz des Begehrens heimholt in den Sexus und die Vergänglichkeit. Da fällt ein Fräulein in einen hundert Jahre währenden Schlaf, und derweil die Kolonne der Jahre spurlos vorüberzieht, muß doch etwas in der Zeit geschehen: ein Prozeß, der erst das Erwachen ermöglicht. Durch welches Tal des Vergessens muß dieses Menschenkind ziehen, damit Dornröschen als Frau erlöst werden kann? In welchen Winterschlaf fallen die künftigen Königinnen in unseren Märchen? Und mit ihnen: der Braten, der aufhört zu brutzeln, der Koch, der seinem Lehrling soeben eine Ohrfeige verpassen will, die für Dezennien aufgehaltene Ahndung eines kleinen Delikts, das Königreich einer hundert Jahre harrenden Strafe. Es ist diese zwischen Furcht und Hoffen, Retten und Strafen seltsam schillernde Mär vom Stillhalteabkommen mit der Zeit, von der die Geschichten erzählen. Als Kinder wurden wir ja gewarnt: daß die Grimasse zum Gongschlag der vollen Stunde stehen bleibt. Die Fratze des Ungehorsams müssten wir dann auf immer in unserm Gesicht herumtragen.

Das Warten im Märchen ist also ein Fluch, und es muß einer kommen – der Richtige , der nicht nur die Dornenhecken der Zeit und die Sieben Berge der Eifersucht überwindet, sondern auch den Tod überlistet. Der den Glas-

deckel des Vergessens hebt für diesen einen besonderen
Augenblick, in dem der Bann seine Wirkung verliert
und die Zeit den giftigen Apfelgrütz wieder ausspuckt.
Dies ist ja eine genuin poetische Szene: der Moment, in
dem jemand nach einer kleinen bewußtlosen Ewigkeit in
die blauen Augen der eigenen Zukunft blickt. Alle Ohn-
mächtigen, ob Frauen, ob Männer, leben am Rande des
Risikos, daß das Erwachen ihr Leben verändert; wenigstens
in der Literatur, im Märchen. Es gehört dann aber dazu,
daß sie mit dem Aufwachen der Vergänglichkeit wieder
anheim fallen.

Schneewittchen in seinem gläsernen Sarg hat aber auch
die Idee von der Erlösung im Eis schon vorweggenommen,
die Phantasie, daß uns die Tiefkühltruhe eines schönen
Tages Aufschub gewährt. Es gibt Leute, die ihren tödlich
erkrankten Körper auf Eis legen wollen, um an dem Tage,
an welchem das richtige Medikament zur Hand wäre, ihre
Auferstehung zu feiern. Auch Hebels Kalender-Geschich-
te vom Bergmann in Falun, eine rührende kleine Parabel
über den eisernen Schlaf und ein »unverhofftes Wiedersehen« jenseits von Wahrscheinlichkeit und Verwesung, ist
dem kollektiven Phantasma der Auferstehung geschuldet:
daß etwas warten, bewahrt werden könnte, ohne Schaden
zu nehmen am reißenden Zahn der Zeit.

In Eisenvitriol hatte er überwintert, der Bräutigam, ein
ganzes Menschenleben lang hat er als konservierte Leiche
im Grubenschacht dem Verfall getrotzt, »als wenn er erst
vor einer Stunde gestorben oder ein wenig eingeschlafen
wäre an der Arbeit«. Jung und schön wie am Tag des Gru-
benunglücks wird er ausgegraben, derweil seine Braut ihr
Leben im Stupor der Treue verbrauchte. Gefesselt an ihre
einstige Liebe, sieht sie die Karawane der Kriege und Generationen an sich vorüberziehen, bis sie ihn wiederhat,
eine alte Frau, »grau und zusammengeschrumpft«, die sich

nun endlich zu ihrer Jugendliebe ins »kühle Hochzeitsbett« legen kann. Und nicht sicher ist, was diese Erzählung uns beibringen will: daß die Liebe den Einflüsterungen der Zeit nicht gehorcht und man auf Krücken zwar, aber am Ende doch noch die Belohnung für eine sinnlos verwartete Treue einheimst oder das traurige Gegenteil: die exhumierte Vergeblichkeit, und die traurige Einsicht, daß uns nach langem Warten doch nur der schöne Leichnam der Liebe versprochen ist.

Über allen Gipfeln/ Ist Ruh',/ In allen
Wipfeln/ Spürest Du/ Kaum einen Hauch;/
Die Vögelein schweigen im Walde./ Warte
nur! Balde/ Ruhest du auch.
(Johann Wolfgang Goethe)

Es ist natürlich kein Wunder, daß besonders die Dichter in
den Auen des Schlafs unterwegs sind, auf den Schwingen
der Sehnsucht »immer nachhaus« (wie Novalis sagt), während das süße Narkotikum ihrer Rhythmen und Reime
uns in träumerische Distanzen wiegt. Mehr noch als den
Schlaf aber bewachen die Dichter den Augenblick, in dem
der Mensch die Augen aufschlägt, »die flaumenleichte Zeit
der dunkeln Frühe«, wie Mörike das in einem seiner
wundersamen Nachtgedichte nennt, die Stunde des Hah-
nenschreis und des Verrats, der verboten Liebenden und
der Henker.

Nachdem das frühe 19. Jahrhundert die Nacht zur Alli-
ierten romantischer Sehnsüchte und nocturner Schrecken
machte, hob die moderne Technik die Furcht vor der Dunkelheit wieder auf. Die Aufklärung ließ ihre Illuminationen
in elektrischen Installationen aufflammen. »Das Prinzip
Nachtarbeit setzte sich allenthalben durch, von der Traum-
forschung bis zum Weltverkehr«, schreibt Peter Sloterdijk
in seinem Traktat über *Weltfremdheit*. Alles Abwesende,
Dunkle sei vom Tag her aufgebrochen und funktionalisiert
worden. Doch »entscheidend ist: Nicht wir machen eine
Pause, wenn wir schlafen, sondern die Welt hat Pause, wenn
der Schlaf uns vorübergehend von ihr entfernt. Wir kommen in Rhythmen von Wach- und Schlafzeiten vor. Zeich-
nen wir die Pausen ins ontologische Gewebe der Welt wieder ein, so löst sich der positivistische Zwang, [...] der

nichts zugibt außer ein vorgeburtliches Nochnichtsein und ein Nichtmehrsein nach dem Tod – beides verdrängt und blockiert durch das Kontinuum des imaginären permanenten Tags, der alles umfaßt, was der Fall ist.«

The Cradle rocks above the abyss: Auch unser Aufenthalt in der Wiege selbst ist ein ständiges Pulsieren zwischen Dasein und Fortsein. Das sei es, meint Sloterdijk, was wir aufgeklärten Geschöpfe des »nachtlosen Denkens« durchaus nicht zulassen wollen. »Könnte man das Wort Gott endlich streichen, so wäre das, was von ihm übrigbleibt, das der Welt selbst zugehörige Aus – ihre Pause, ihr diskretes Nichts.«

Das Wort *Gott* kann man nicht streichen, er bleibt auch – oder gerade – in seiner Abwesenheit machtvoll präsent. Doch gibt es hienieden keine zweite derart vollendete Form der anwesenden Abwesenheit wie den Schlaf. Der Schlaf ist das Reservat unserer früheren Existenz. Ein bestürzendes Glück, ein die Seele umstülpender Haß, Gefühle, so heftig wie nur in der Kindheit – der Schlaf hat sie für uns aufgehoben. In seinem Schattenreich warten auch unsere Toten. Die Höhle der Nacht ist die Begegnungsstätte mit unseren Geistern, und wenn sie sich im Refugium des Traums unter die Lebenden mischen – den Gesichtszug von diesem, eine Geste von jenem (oder auch von uns selbst) annehmen, wie auf den alten doppelt belichteten Photographien, schleicht uns am Morgen noch stundenlang das vage Gefühl hinterher, wie kurzsichtig unsere praktische Einteilung in die Delirien des Schlafes hier und die Pöstchen des Alltags dort ist, kurzsichtig und beruhigend. Der Schlaf, so scheint es, ist unser Untermieter auf Lebenszeit, in ihm hat das Warten, das unser Leben ist, seine beharrlichste Form gefunden. Doch vielleicht ist es ja gerade umgekehrt, und wir sind der Traum, den die Toten träumen.

Das »Ansichhalten des Daseins« hat Heidegger jenes Warten genannt, in dem das Dasein sich selber fraglich und in seiner Fraglichkeit durchsichtig werde. Wir leben eingepackt im Augenblick und zugleich im Zeitsog von Millionen Jahren – das hat Hans Blumenberg mit der Unterscheidung von »Weltzeit« und »Lebenszeit« gemeint. Alle »Sinnfragen« aber, die mit der Kürze des Lebens beginnen und am Scheitel des Himmels nicht enden, sind ans Innehalten gebunden. Denn zwischen Natalität und Mortalität haben die Götter das Warten gespannt. Der Mensch ist ein »angefangenes Wesen«, doch der »Sinn« unserer Existenz erschließt sich – falls überhaupt – erst von ihrem Ende her. Auf diesen Punkt sind wir insgeheim ausgerichtet. Gleichwohl können wir nur leben, wenn wir seine Möglichkeit immer wieder hinausschieben. Unter leeren Himmeln erwarten die meisten von uns keine bessere Welt vom Jenseits mehr. Das geht nicht ohne Surrogate ab. Siegfried Kracauer konstatierte bereits in der mehr grauen als goldenen Weimarer Republik bei seinen Mitmenschen eine »tiefe Traurigkeit«. Er meinte darin eine Antwort auf »das Vertriebensein aus der religiösen Sphäre« zu erkennen. In einem umfangreichen Essay, der unter dem Titel »Die Wartenden« 1922 in der *Frankfurter Zeitung* erschien, geißelte der Autor zugleich die Schwemme an Sinnangeboten und Ideologien, die unter dem Einfluß von Zivilisationskritik und Lebensreformbewegungen an den Horizont gemalt wurden. Die säkularen Ersatzreligionen – sei es die Feier des »Übermenschen« bei Nietzsche oder der »messianische Kommunismus« eines Ernst Bloch – waren Kracauer genauso suspekt wie Max Webers abgeklärte Zeitdiagnose, die in der *Entzauberung der Welt* ihr Schlagwort fand. So plädiert der zaghaft Gläubige für eine »Haltung des Wartens«. Wer sich zu ihr entschließt, der »versperrt sich weder wie der trotzige Bejaher der Leere den Weg des Glaubens, noch bedrängt er diesen Glauben wie der Sehnsüchtige, den seine Sehnsucht hemmungslos macht. Er wartet, und sein Warten ist ein zögerndes Geöffnetsein in einem allerdings schwer zu erläuternden Sinne«.

Das könnte man auch einen sorgsam abwägenden Pragmatismus nennen – würde darin nicht jene unausrottbare Sehnsucht laut, die sich noch immer Erlösung im Diesseits verspricht. Doch die westliche Welt läßt sich nicht rückverzaubern; allen Renaissance-Beschwörungen der Religionen zum Trotz dämmert am theologischen Horizont keine Morgenröte. Seit die blutige Durchsetzung der irdischen Utopien uns darüber hinaus aus dem Glauben entließ, das Heil würde uns einst hier auf Erden erwarten, sind wir noch enger ins Gehäuse unserer bescheidenen Existenz eingekeilt: in die eher klammheimliche Zuversicht, daß irgendwann einmal – wartete man nur geduldig – die Welt ein besseres Aussehen haben würde für uns. Dabei sind die Phantasien und Tagträumereien ja selbst schon Teil einer besseren Wirklichkeit, und nicht bloß der schale Vorgriff auf eine schönere Zukunft. Solange wir solche Fiktionen nähren, sind wir vom Faktischen noch nicht gelähmt. Und am Ende haben sie meist daran mitgearbeitet, daß sich unsere Wünsche manchmal erfüllen sollten.

Es werde Licht, sprach Gott vor der Schöpfung der Welt und siehe da, es geschah ohne Verzug. So steht die unbedingte Erfüllung – die Befriedigung ohne den Aufschub – am Anfang der Paradiesvorstellung. Mit jeder unmittelbaren Wunscherfüllung strecken wir einen Fuß ins Paradies zurück. Da der Mensch aber, wie Blumenberg definiert, das Wesen ist, »das mit endlicher Lebenszeit unendliche Wünsche hat«, kommen wir über die Multiplizierung der Wünsche niemals hinaus. Denn die Aufkündigung der Simultanität von Wunsch und Erfüllung (wenn es denn so etwas gibt), gehört mit der Geburt unmittelbar zu uns: Der Nabel, durch den Milch und Honig flossen, wurde mit unserem Erscheinen auf dieser Welt für immer gekappt. Und jedes Mal, wenn das Warten zwischen dem Wunsch und seiner Befriedigung aufs Minimalste beschränkt oder gar ausgelöscht wird, verlangt ein rachsüchtiger Gott den Preis: Wer alles hat oder sofort bekommt, wird um das Glück der Erfüllung gebracht. Kairos, der glückliche Augenblick, braucht das Warten im Rücken: die manchmal quälende, manchmal selig vertrödelte, die, wie auch immer, geschenkte Zeit.

Literaturverzeichnis

An diesem Buch haben mitgeschrieben:

Günter Anders, *Die Antiquiertheit des Menschen*, München 1980.

Roland Barthes, *Fragmente einer Sprache der Liebe*, deutsch von Hans-Horst Henschen, Frankfurt am Main 1984.

Charles Baudelaire, *Die Blumen des Bösen*, deutsch von Friedhelm Kemp, München 1986.

Samuel Beckett, *Warten auf Godot*, deutsch von Elmar Tophoven, Frankfurt am Main 1981.

Walter Benjamin, *Illuminationen*, Frankfurt am Main 1977.

Die Bibel nach der Übersetzung Martin Luthers. Revidierter Text 1984, Deutsche Bibelgesellschaft, Stuttgart 1985.

Maurice Blanchot, *Warten, Vergessen*, Deutsch von Johannes Hübner, Frankfurt am Main 1964.

Hans Blumenberg, *Lebenszeit und Weltzeit*, Frankfurt am Main 1986.

Jorge Luis Borges, Die zwei Labyrinthe, Lesebuch, hg. von Andrea Wörle, München 1986.

Paul Celan/Ilana Shmueli, *Briefwechsel*, Frankfurt am Main 2004.

Emile M. Cioran, *Lehre vom Zerfall*, deutsch von Paul Celan, Stuttgart 1978.

Martin Doehlemann, *Langeweile? Deutung eines verbreiteten Phänomens*, Frankfurt am Main 1991.

Michel Foucault, *Überwachen und Strafen. Die Geburt des Gefängnisses*, Frankfurt am Main 1976.

Gustav Flaubert, *Madame Bovary*, deutsch von Hedda Eulenberg, Leipzig 1914.

Sigmund Freud, *Jenseits des Lustprinzips*, Frankfurt am Main 1975.

Wilhelm Genazino, *Der gedehnte Blick*, München 2004.

Johann Wolfgang Goethe, *Sämtliche Gedichte,* Frankfurt am Main 2007.

Grimms Wörterbuch. Online-Ausgabe.

Kinder- und Hausmärchen, gesammelt durch die Brüder Grimm, Frankfurt am Main 2004.

Peter Handke, *Versuch über die Müdigkeit*, Frankfurt am Main 1989.

Johann Peter Hebel, *Kalendergeschichten*, Frankfurt am Main 2005.

Martin Heidegger, *Die Grundbegriffe der Metaphysik*, Frankfurt am Main 2004.

Heinrich Heine, *Vermischte Schriften*, Düsseldorf/Zürich 1997.

Homer, *Die Odyssee*, deutsch von Johann Heinrich Voß, Zürich/Stuttgart 2001.

Ernst Jandl, *Gedichte*, München 1997.

Franz Kafka, *Gesammelte Werke*, New York 1946 f.

Manfred Koch/Angelika Overath, *Vom Warten*, SWR-Radio-Feature, April 2004.

Alexander Kluge, *Chronik der Gefühle*, Frankfurt am Main 2000.

Siegfried Kracauer, *Ausgewählte Schriften*, Frankfurt am Main 1990.

Niklas Luhmann, *Soziologische Aufklärung*, Opladen 1972.

Odo Marquard, *Skepsis und Zustimmung*, Stuttgart 1994.

Robert Musil, *Der Mann ohne Eigenschaften*, Reinbek 1978.

Vladimir Nabokov, *Erinnerung, sprich. Wiedersehen mit einer Autobiographie*, deutsch von Dieter E. Zimmer, Reinbek 1991.

Neue Zürcher Zeitung, Literatur und Kunst: Warten. Weihnachtsbeilage 20.12.2003.

Friedrich Nietzsche, *Jenseits von Gut und Böse*, New York 1967 ff.

Dorothy Parker, *New Yorker Geschichten*, deutsch von Pieke Biermann, Zürich 1984.

Marcel Proust, *Auf der Suche nach der verlorenen Zeit*, deutsch von Eva Rechel-Mertens, Frankfurt am Main 2002.

Hartmut Rosa, *Beschleunigung. Die Veränderung der Zeitstrukturen in der Moderne*, Frankfurt am Main 2005.

Manfred Schneider, *Liebe und Betrug*, München 1992.

Peter Sloterdijk, *Weltfremdheit*, Frankfurt am Main 1993.

–, *Zorn und Zeit*, Frankfurt am Main 2006.

Botho Strauß, *Die Widmung*, München 1977.

George Tabori, »Warten auf Beckett«, in: Jahrbuch der Zeitschrift *Theater heute*, Zürich 1984.

Die Erzählungen aus den Tausendundein Nächten, deutsch von Enno Littmann, Frankfurt am Main 2004.

Harald Weinrich, *Knappe Zeit*. Kunst und Ökonomie des befristeten Lebens, München 2004.

Dieter Wellershoff, *Die Arbeit des Lebens*, Köln 1985.

Hinweise zu dieser Ausgabe

insel taschenbuch 4042: Andrea Köhler, *Die geschenkte Zeit. Über das Warten*. Diese Ausgabe erschien erstmals 2007 unter dem Titel Andrea Köhler, *Lange Weile. Über das Warten* in der Bibliothek der Lebenskunst © Insel Verlag Frankfurt am Main und Leipzig 2007.

Anleitung zum Glücklichsein

Was ist das Glück? Das fragte sich schon vor 2000 Jahren der römische
Philosoph Seneca und verfaßte mit seinem Werk *Vom glücklichen Leben*
die bis heute meistgelesene und genaueste Anleitung zum Glücklichsein.
Alltagsnah beschreibt der Philosoph die höchsten Güter des Menschen –
Gesundheit, Freiheit, Harmonie und Schönheit – und stellt sich die Frage, weshalb vor allem die innere Ruhe für das Wohlbefinden eines Menschen so bedeutsam ist. Kaum ein Text der Antike ist so klar und leicht
verständlich zu lesen und so mühelos auf die heutige Zeit anzuwenden.

Seneca, Vom glücklichen Leben
Herausgegeben und aus dem Lateinischen übertragen
von Heinz Berthold. insel taschenbuch 4045
Etwa 160 Seiten

Wege zur inneren Ruhe

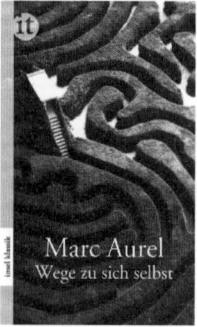

Schon Friedrich Nietzsche hat Marc Aurels Wege zu sich selbst als »Stärkungsmittel« empfohlen. Auch heutigen Lesern kann dieses Buch des großen Stoikers ein wertvoller Begleiter durch den Alltag und Anleitung zur inneren Ruhe und Gelassenheit sein.

Aurels meditative Gedanken und Aphorismen zeugen von großer Lebensweisheit und Liebe zu den Menschen. Das Glück im Inneren finden und sich nicht von den äußeren Stürmen mitreißen lassen – das ist die wertvolle Erkenntnis dieser unvergänglichen Sammlung von Leitsätzen.

Marc Aurel, Wege zu sich selbst
Aus dem Lateinischen von Otto Kiefer. insel taschenbuch 4027
197 Seiten

Leidenschaftlich, intelligent und radikal: die Günderrode

Karoline von Günderrode (1780-1806) war eine hochbegabte Dichterin der Romantik – und eine leidenschaftliche und radikale junge Frau. Gegen die einschränkenden Lebensverhältnisse, denen sie als alleinstehende Frau unterworfen war, kämpfte sie willensstark und selbstbewußt an. Als dann aber die Beziehung zu ihrer großen Liebe zerbrach, traf sie eine folgenschwere Entscheidung.

Dagmar von Gersdorff erzählt das einzigartige und aufwühlende Schicksal der Günderrode.

Dagmar von Gersdorff, Die Erde ist mir Heimat
nicht geworden. Das Leben der Karoline von Günderrode
insel taschenbuch 4023. Etwa 283 Seiten